中国古典文献学理论与学术实践研究

甘宪荣　著

北方文艺出版社

·哈尔滨·

图书在版编目（CIP）数据

中国古典文献学理论与学术实践研究 ／ 甘宪荣著.
哈尔滨 ： 北方文艺出版社， 2024.9. -- ISBN 978-7
-5317-6427-4

Ⅰ. G256.1

中国国家版本馆CIP数据核字第2024U16734号

中国古典文献学理论与学术实践研究
ZHONGGUO GUDIAN WENXIANXUE LILUN YU XUESHU SHIJIAN YANJIU

作　　者 / 甘宪荣
责任编辑 / 富翔强　　　　　　　　　　封面设计 / 文　亮

出版发行 / 北方文艺出版社　　　　　　邮　　编 / 150008
发行电话 / （0451）86825533　　　　　经　　销 / 新华书店
地　　址 / 哈尔滨市南岗区宣庆小区 1 号楼　网　　址 / www.bfwy.com

印　　刷 / 廊坊市广阳区九洲印刷厂　　　开　　本 / 787mm×1092mm　1/ 16
字　　数 / 180 千　　　　　　　　　　印　　张 / 10.75
版　　次 / 2024 年 9 月第 1 版　　　　　印　　次 / 2024 年 9 月第 1 次印刷

书　　号 / ISBN 978-7-5317-6427-4　　　定　　价 / 73.00 元

目　录

第一章　古典文献学概述 ………………………………………………… 1

　　第一节　古典文献学的定义与范畴 …………………………………… 1

　　第二节　古典文献学的历史发展 ……………………………………… 7

　　第三节　古典文献学的研究对象 ……………………………………… 14

　　第四节　古典文献学的研究方法 ……………………………………… 21

　　第五节　古典文献学的学术价值 ……………………………………… 28

第二章　古典文献的分类与整理 ………………………………………… 33

　　第一节　古典文献的分类方法 ………………………………………… 33

　　第二节　经史子集的分类体系 ………………………………………… 38

　　第三节　古典文献的整理原则 ………………………………………… 45

　　第四节　古典文献的校勘方法 ………………………………………… 50

　　第五节　古典文献的标点与注释 ……………………………………… 56

　　第六节　古典文献的编纂与出版 ……………………………………… 63

第三章　古典文献的检索与利用 ………………………………………… 70

　　第一节　古典文献的检索工具 ………………………………………… 70

　　第二节　古典文献的检索方法 ………………………………………… 78

　　第三节　古典文献的数字化检索 ……………………………………… 83

　　第四节　古典文献的利用价值 ………………………………………… 89

　　第五节　古典文献在学术研究中的应用 ……………………………… 92

第四章　古典文献的版本与鉴定 ………………………………………… 97

　　第一节　古典文献的版本类型 ………………………………………… 97

　　第二节　古典文献的版本鉴定方法 …………………………………… 103

　　第三节　古典文献的真伪辨别 ………………………………………… 110

第四节　古典文献的价值评估 ·· 115

第五节　古典文献的收藏与保护 ·· 121

第五章　古典文献的注释与解读 ·· 127

第一节　古典文献的注释方法 ·· 127

第二节　古典文献的解读技巧 ·· 134

第三节　古典文献中的典故与成语 ·· 140

第四节　古典文献的语言风格分析 ·· 145

第五节　古典文献的文学特色探讨 ·· 151

第六节　古典文献的哲学思想阐释 ·· 157

参考文献 ·· 164

目　录

第一章　古典文献学概述 ……………………………………………………… 1

　第一节　古典文献学的定义与范畴 ………………………………………… 1

　第二节　古典文献学的历史发展 …………………………………………… 7

　第三节　古典文献学的研究对象 …………………………………………… 14

　第四节　古典文献学的研究方法 …………………………………………… 21

　第五节　古典文献学的学术价值 …………………………………………… 28

第二章　古典文献的分类与整理 …………………………………………… 33

　第一节　古典文献的分类方法 …………………………………………… 33

　第二节　经史子集的分类体系 …………………………………………… 38

　第三节　古典文献的整理原则 …………………………………………… 45

　第四节　古典文献的校勘方法 …………………………………………… 50

　第五节　古典文献的标点与注释 ………………………………………… 56

　第六节　古典文献的编纂与出版 ………………………………………… 63

第三章　古典文献的检索与利用 …………………………………………… 70

　第一节　古典文献的检索工具 …………………………………………… 70

　第二节　古典文献的检索方法 …………………………………………… 78

　第三节　古典文献的数字化检索 ………………………………………… 83

　第四节　古典文献的利用价值 …………………………………………… 89

　第五节　古典文献在学术研究中的应用 ………………………………… 92

第四章　古典文献的版本与鉴定 …………………………………………… 97

　第一节　古典文献的版本类型 …………………………………………… 97

　第二节　古典文献的版本鉴定方法 ……………………………………… 103

　第三节　古典文献的真伪辨别 …………………………………………… 110

    第四节　古典文献的价值评估 ·· 115

    第五节　古典文献的收藏与保护 ·· 121

第五章　古典文献的注释与解读 ·· 127

    第一节　古典文献的注释方法 ·· 127

    第二节　古典文献的解读技巧 ·· 134

    第三节　古典文献中的典故与成语 ·· 140

    第四节　古典文献的语言风格分析 ·· 145

    第五节　古典文献的文学特色探讨 ·· 151

    第六节　古典文献的哲学思想阐释 ·· 157

参考文献 ·· 164

第一章　古典文献学概述

第一节　古典文献学的定义与范畴

一、古典文献学的定义

古典文献学，作为一门研究古代文献的深邃学科，其内涵丰富，历史悠久，研究方法多样，涉及领域广泛。

（一）古典文献学的定义

古典文献学，简而言之，是研究古代文献典籍搜集、整理、研究和利用的学问。它以目录学的原理为基础，综合运用版本、刻印、校勘、辨伪、注释、编纂等知识和文献检索的理论与方法，深入探索古典文献的整理、典藏、检索的方法和规律。古典文献学不仅关注文献本身的文字内容，还注重文献的流传过程、版本差异、作者背景、历史背景等多方面的信息，力求还原文献的原貌，揭示其内在价值。

（二）古典文献学的历史发展

古典文献学的历史可以追溯到古希腊和古罗马时期。在那个时代，古典文献学的主要研究对象是希腊及罗马的经典文献，研究者通过注释和评论的方式，对文献中的语言、词义、修辞等方面进行解读。这种研究方法为后来的古典文献学奠定了基础。

进入中世纪，古典文献学逐渐与地方史学和编年史学相结合，研究的重点转向收集、整理和保护文献资料，以及对历史事件、人物和地理信息的记录和研究。同时，宗教的影响也促使古典文献学与神学相结合，对圣经及其翻译的研究成为当时的热点。

15 世纪至 18 世纪的文艺复兴时期，古典文献学迎来了重要的改革和发展。人文主义者将古典文献学与人文学科相结合，提出了"归纳法"和"批校法"等新的研究方法，开始注重对古代文献原址和原貌的恢复性研究，力求还原文献的真实面貌。

19 世纪到 20 世纪初，古典文献学逐渐发展为一门独立的学科，并形成了现代古典文献学的框架和方法。这一时期，古典文献学融合了历史、语言学、文化学等多个学科的研究方法，对古代文献进行了全面和系统的研究。研究对象也从单一的经典文献扩展到了更广泛的古代文献领域。

20世纪中叶以后，随着人类学、社会学、心理学等学科的兴起，古典文献学的研究范围和方法得到了进一步的拓展和丰富。研究者们开始关注古代文献背后的社会、经济、政治和文化背景，运用跨学科的研究方法揭示文献的深层含义。同时，数字化技术的应用也为古典文献学的研究提供了新的工具和方法，极大地提高了研究效率和准确性。

（三）古典文献学的研究领域

古典文献学的研究领域广泛而深入，主要包括以下几个方面：

文本研究：这是古典文献学的核心领域。研究者们对文献中的文字和语言进行深入的分析和解释，关注文献的版本、校对和校勘，以确保文本的准确性。同时，他们还会研究文献中的文字用法、语法结构和修辞手法等，以揭示文献作者的写作风格和文化背景。

文献学：这个领域关注古代文献的来源、收集、传播和保存。研究者们追溯文献的起源，整理和分类不同文献的类型和流派，研究文献的传播和保存方式，以了解不同时代和地区的文献情况。

古代写作：这个领域关注古代作家的生平、作品和影响。研究者们通过研究文献和历史资料，还原古代作家的生平和背景，分析他们作品中的主题、风格和意义。这有助于我们更深入地理解古代文学的创作背景和文学流派的发展。

古代文化：这个领域关注古代文献所反映的文化现象和社会制度。研究者们从文献中看到古代人们的价值观、信仰体系、政治制度和社会习俗等，揭示古代社会的特点和演变。这对于我们理解古代社会的整体面貌和文明进程具有重要意义。

（四）古典文献学的研究方法

古典文献学在研究过程中采用了多种方法，以揭示文献的深层含义和文化背景。以下是一些常用的研究方法：

比较研究：研究者们将不同地区、时期和文献类型的文献进行对比分析，寻找共同点和差异点，以了解文献背后的文化联系和差异。这种方法有助于我们更全面地理解古代文献的多样性和复杂性。

史料考证：史料考证是古典文献学的基础工作之一。研究者们通过查阅古代文献和历史记录，验证文献中所提及的事件和事实的真实性，确保研究的准确性和可靠性。这一步骤对于后续的研究和分析至关重要。

文本分析：文本分析是古典文献学中常用的研究方法之一。研究者们对文献中的文字、语言和结构进行详细分析，关注词汇、语法和修辞手法等细节信息，以揭示作者的意图和信息。这种方法有助于我们深入理解文献的深层含义和文学价值。

互文性分析：互文性分析关注文献之间的相互关联和引用关系。研究者们通过分析文献间的引用、借鉴和模仿等现象，揭示文献之间的内在联系和相互影响。这种方法有助于我们更全面地理解古代文学的发展和演变过程。

二、古典文献学的研究对象与范围

古典文献学作为一门古老而深厚的学科，其研究对象与范围极为广泛，涵盖了古代文献的各个方面。

（一）古典文献学的定义

古典文献学，顾名思义，是研究古代文献的学科。它以中国古代留存下来的古代典籍为研究对象，通过对古籍的搜集、整理、研究和利用，揭示古代文化的内涵和价值。古典文献学不仅关注文献的文字内容，还注重文献的流传过程、版本差异、作者背景、历史背景等多方面的信息，力求还原文献的原貌，挖掘其深层意义。

（二）研究对象

古典文献学的研究对象主要包括以下几个方面：

古代典籍：这是古典文献学最直接、最主要的研究对象。古代典籍包括经、史、子、集等各类文献，如《诗经》《尚书》《春秋》《史记》《汉书》等。这些典籍不仅记录了古代社会的政治、经济、文化等各个方面，还蕴含着丰富的哲学思想、文学艺术和科学技术成果。

出土文献：随着考古学的发展，大量出土文献逐渐进入人们的视野。这些文献包括简帛文献、敦煌文献、甲骨文、金文等，它们为研究古代社会提供了宝贵的实物资料。出土文献的整理和研究，对于揭示古代社会的真实面貌、补充传世文献的不足具有重要意义。

少数民族文献：中国是一个统一的多民族国家，各少数民族在长期的历史发展过程中形成了丰富的文化遗产。这些文化遗产中包含了大量的文献资料，如藏族的《甘珠尔》《丹珠尔》，蒙古族的《蒙古秘史》等。这些文献对于研究少数民族的历史、文化、宗教等方面具有重要价值。

碑刻铭文：碑刻铭文是古代文献的重要载体之一。它们以石刻的形式记录了古代社会的各种信息，如历史事件、人物传记、宗教信仰、文学艺术等。碑刻铭文的整理和研究，对于了解古代社会的历史变迁、文化传承等方面具有重要意义。

（三）研究范围

古典文献学的研究范围广泛而深入，主要包括以下几个方面：

文献版本学：文献版本学是研究古代文献不同版本的产生、流传和演变的学科。它关注文献的版本类型、版本特征、版本关系等方面的问题，旨在揭示文献版本之间的内在联系和差异。文献版本学的研究对于鉴定文献真伪、校勘文献内容具有重要意义。

目录学：目录学是研究古代文献目录的学科。它关注文献的著录方式、分类方法、编排体例等方面的问题，旨在为读者提供便捷的检索途径和系统的知识框架。目录学的研究对于了解古代文献的收藏情况、流传状况以及学术价值等具有重要意义。

校勘学：校勘学是研究古代文献校勘方法和规律的学科。它关注文献中的讹误、脱漏、衍文等问题，通过比对不同版本、参考相关文献等方法进行校正和补充。校勘学的研究对于恢复文献原貌、提高文献质量具有重要意义。

注释学：注释学是研究古代文献注释方法和技巧的学科。它关注文献中的难解之处、特殊用法等问题，通过注解、解释等方式帮助读者理解文献内容。注释学的研究对于普及古代文献知识、传承古代文化具有重要意义。

考据学：考据学是研究古代文献中史实、制度、名物等问题的学科。它运用历史学、文献学、语言学等多学科的知识和方法，对文献中的记载进行考证和辨析。考据学的研究对于揭示古代社会的真实面貌、澄清历史疑团具有重要意义。

文献编纂学：文献编纂学是研究古代文献编纂方法和技巧的学科。它关注文献的编纂原则、编纂体例、编纂方法等方面的问题，旨在为读者提供系统、完整、准确的文献资料。文献编纂学的研究对于整理古代文献、传承古代文化具有重要意义。

三、古典文献学与相关学科的关系

古典文献学作为一门古老而深厚的学科，其研究对象广泛，研究方法多样，与众多学科之间存在着密切的联系和互动。

（一）古典文献学与历史学的关系

古典文献学与历史学是两个相互依存、相互促进的学科。历史学是研究人类社会历史发展的学科，而古典文献学则是研究古代文献的学科。两者之间的关系可以从以下几个方面来理解：

史料提供与解读：古典文献学为历史学提供了丰富的史料来源。通过对古代文献进行搜集、整理和研究，古典文献学为历史学家提供了珍贵的史料，帮助他们还原历史场景，重构历史事件。同时，古典文献学还通过对文献进行解读和分析，帮助历史学家更加深入地理解历史事件的背景和内涵。

方法借鉴与互补：古典文献学的研究方法，如版本学、校勘学、目录学等，对历史学的研究方法具有重要的借鉴意义。历史学家在研究中可以借鉴古典文献学的方法，对史料进行更加细致和深入的考证和分析。同时，历史学的研究需求也推动了古典文献学的发展，促使古典文献学家不断探索新的研究方法和手段。

共同推动历史研究：古典文献学与历史学在推动历史研究方面发挥着重要作用。两者相互依存、相互促进，共同构成了我们对古代历史的认知和理解。通过对古代文献进行深入研究和解读，我们可以更加全面地了解古代社会的政治、经济、文化等各个方面，为历史研究提供更加坚实的基础。

（二）古典文献学与语言学的关系

古典文献学与语言学之间也存在着密切的联系。语言学是研究语言的学科，而古典文献学则涉及对古代文献的语言解读和分析。古典文献学为语言学提供了丰富的研究对象。古代文献中包含了大量的古代语言材料，这些材料对于语言学的研究具有重要的价值。通过对古代文献进行语言研究，我们可以了解古代语言的结构、特点和演变规律，为语言学的发展提供重要的支撑。

语言学为古典文献学的文献解读提供了重要的助力。通过对古代文献中的语言结构、用词和语境进行分析，语言学家可以帮助古典文献学家更加准确地理解文献的真实含义和背后的文化背景。这种跨学科的合作有助于推动古典文献学研究的深入发展。

古典文献学与语言学在促进文化传承方面发挥着重要作用。两者都关注古代文化的传承和发展，通过对古代文献和语言进行研究和解读，我们可以更好地理解和传承古代文化中的智慧和精髓。这种文化传承的努力有助于增强民族凝聚力和文化自信心。

（三）古典文献学与哲学的关系

古典文献学与哲学之间也存在着密切的联系。哲学是研究人类思想和智慧的学科，而古典文献学则涉及对古代哲学著作的研究和整理。两者之间的关系可以从以下几个方面来理解：

古典文献学为哲学研究提供了丰富的思想资源。古代哲学著作中蕴含着丰富的哲学思想和智慧，通过对这些著作进行研究和整理，我们可以挖掘出其中的思想内涵和价值观念，为哲学研究提供重要的参考和借鉴。哲学研究中的方法论对古典文献学具有重要的支持作用。哲学家们对于真理、道德、伦理等问题的思考为古典文献学家提供了切实可行的研究思路和方法论。这些方法论的支持有助于古典文献学家更好地开展研究工作并取得更加深入的成果。

古典文献学与哲学在相互促进中不断发展。通过对古代哲学著作进行研究和整理，我们可以更加深入地理解古代哲学思想的形成和发展过程；同时这些研究成果也为哲学研究提供了新的视角和思路，推动了哲学研究的深入发展。

（四）古典文献学与文学的关系

古典文献学与文学之间同样存在着密切的联系。文学是研究文学作品的学科，而古典文献学则涉及对古代文学作品的搜集、整理和研究。

古典文献学将古代文学作品作为重要的研究对象之一。通过对古代文学作品进行搜集、整理和研究，我们可以了解古代文学的发展历程、艺术特色和文学价值为文学研究提供重要的资料和参考。古典文献学的研究方法和理论为文学批评提供了重要的助力。通过对古代文学作品进行深入分析和解读，我们可以揭示其中的文学意义和艺术价值，为文学批评提供更加深入和全面的视角。

古典文献学与文学在推动文学发展方面发挥着重要作用。两者相互依存、相互促进共同构成了我们对古代文学的认知和理解。通过对古代文学作品进行深入研究和解读，我们可以更加全面地了解古代文学的风貌和特色为文学的发展提供重要的支撑和推动。

四、古典文献学在学术研究中的地位

古典文献学，作为一门历史悠久且内涵丰富的学科，在学术研究的广阔领域中占据着举足轻重的地位。它不仅关乎古代文化的传承与理解，更是现代学术研究不可或缺的基础与支撑。以下将详细阐述古典文献学在学术研究中的多重地位及其深远影响。

古典文献学是文化传承与守护者的核心力量。在历史的长河中，古代文献作为人类智慧与文明的结晶，承载着丰富的历史信息、文化观念、哲学思想和艺术成就。这些文献不仅是古代社会的真实记录，更是后世了解过去、认识自我、启迪未来的重要资源。古典文献学通过搜集、整理、校勘、注释、解读等一系列专业活动，确保这些宝贵的文化遗产得以保存并传承下去。它如同一座桥梁，连接着古代与现代，让后人能够跨越时空的界限，与古人进行心灵的对话，感受历史的厚重与文化的魅力。

古典文献学在学术研究中扮演着基石与支撑的角色。无论是历史学、哲学、文学、语言学还是其他人文社会科学领域，都离不开对古代文献的深入研究和解读。古典文献学为这些学科提供了丰富的史料来源和可靠的研究基础。通过对古代文献进行细致分析和解读，学者们能够揭示历史事件的真实面貌，探索哲学思想的演变轨迹，理解文学作品的深层意蕴，揭示语言的发展规律。古典文献学的研究成果不仅丰富了各个学科的理论体系，也为学术研究的深入发展提供了有力的支撑。

古典文献学还是跨学科研究的桥梁与纽带。随着学术研究的日益综合化和交叉化，越来越多的学科开始关注并涉足古典文献的研究领域。古典文献学以其独特的学科特点和广泛的研究范围，为不同学科之间的交流与合作提供了可能。例如，历史学可以借助古典文献学的研究成果来重构历史场景和解读历史事件，语言学可以通过对古代文献的语言分析来揭示语言的发展规律和演变过程，文学则可以通过对古典文献的文学解读来探讨文学作品的创作背景、艺术特色和审美价值。古典文献学的研究方法和理论也为其他学科的研究提供了有益的借鉴和启示，促进了学术研究的整体进步和发展。古典文献学还是推动学术创新与发展的重要动力。在学术研究中，创新是推动学科发展的重要因素之一。古典文献学通过不断挖掘和整理古代文献中的新资料、新信息和新观点，为学术研究提供了新的视角和思路。同时，古典文献学也注重运用现代科技手段和方法来推动学科研究的深入发展。例如，数字化技术在古典文献的保存、整理和传播方面的应用极大地提高了研究效率和准确性，大数据和人工智能技术的应用则为古典文献的自动校勘、注释和解读提供了新的可能。这些创新性的研究方法和手段不仅丰富了古典文献学的研究内容和方法论体系，也为其他学科的研究提供了有益的借鉴和启示。

古典文献学还是培养高素质学术人才的重要基地。随着国家对传统文化传承和弘扬的重视程度的不断提高，越来越多的高校和科研机构开始加强古典文献学专业的建设和人才培养工作。这些专业不仅注重传授学生扎实的专业知识和研究技能，还注重培养学生的文化素养和人文精神。通过系统的学习和实践训练，学生不仅能够掌握古典文献学的基本理论和方法论体系，还能够具备独立从事古典文献研究和教学工作的能力。这些高素质的学术人才不仅为古典文献学的繁荣发展提供了有力的人才保障，也为其他相关领域的研究和教学工作提供了重要的支持和帮助。

第二节　古典文献学的历史发展

一、古典文献学的起源与早期发展

古典文献学，作为研究古代文献的学科，承载着中华民族悠久的历史、文化和知识。其起源可追溯至远古时期，随着文字的发明和文献的积累而逐渐发展。

（一）古典文献学的起源

古典文献学的起源与文字的发明和文献的产生紧密相连。在人类发展的初期，为了记录重要信息，人们开始刻画、绘制符号，这些符号逐渐演变为文字。在中国，最早的文字形式可以追溯到甲骨文，它们被刻在龟甲和兽骨上，记录了商代的社会生活、祭祀、战争等重要信息。这些文字资料不仅是当时社会生活的直接反映，也是后世研究古代历史、文化的重要依据。

随着文字的发展和普及，文献的数量不断增加，对文献的整理、研究和保存成为一项重要工作。在中国，古典文献学的起源可以追溯到先秦时期，尤其是孔子整理六经（或五经）的壮举。孔子不仅整理了《诗》《书》《礼》《易》《乐》（或《春秋》）等经典文献，还通过传授和讲解，使这些文献得以广泛传播和传承。孔子的这一行为，不仅奠定了中国古典文献学的基础，也对中国传统文化的发展产生了深远影响。

（二）古典文献学的早期发展

在先秦时期，文献的载体多种多样，包括甲骨、青铜器、石刻、简牍和缣帛等。这些载体不仅反映了当时文字记录技术的进步，也为后世留下了丰富的文献资源。例如，甲骨文和青铜器铭文是研究商周时期历史、文化的重要资料；简牍和缣帛则因其轻便易携，成为当时书写和传递信息的主要载体。

先秦时期，古书开始有注解，训诂学萌芽。学者们通过对文献的注解和阐释，使文献的意义更加明确和易于理解。这一时期的文献整理工作虽然尚处于起步阶段，但为后来的文献学研究奠定了基础。

尽管先秦时期的文献整理工作取得了一定成果，但秦始皇的"焚书坑儒"事件对先秦文献的流传产生了巨大的破坏性影响。大量文献被焚毁或失传，给后世的研究带来了巨大困难。然而，仍有一部分文献通过各种方式得以保存下来，成为后世研究先秦历史、文化的重要资料。两汉时期，简帛和碑刻仍然是文献的主要载体。随着纸张的发明和逐渐普及，简牍逐渐被纸张所取代，但碑刻作为重要的文献载体一直沿用至后世。西汉晚期，刘向、刘歆父子校理群书，汇编为《别录》和《七略》，开创了古典文献学的基础工作。他们广泛搜集各种本子，对同一种书的不同本子进行校雠，缮写出比较完备的本子，并撰写叙录（提要），然后编纂出所有书籍的分类目录。这一工作不仅为后世的文献学研究提供了重要资料，也奠定了目录学的基础。

两汉时期，辨伪工作开始起步。司马迁在《史记》中采取"厥协六经异传，整齐百家杂语"的做法，对一些古典文献的真伪进行了考辨。同时，训诂学也进一步发展，郑玄遍注群经，成为两汉古典文献的集大成者。他的注解不仅解释了文献的字义，还阐发了文献的义理，对后世产生了深远影响。

魏晋南北朝时期是一个文学自觉的时代，文学创作和文献传播都得到了空前的发展。这一时期的文献载体逐渐以纸张为主，简牍发现较少。同时，玄学的兴起和反切注音的出现也促进了文献的整理和研究。魏晋南北朝时期，目录学发生了重要变革。经史子集四分法的雏形诞生，为后世的图书分类法奠定了基础。同时，类书和总集也开始出现，如梁昭明太子萧统主持编纂的《文选》是我国第一部诗文总集。

这一时期的训诂学进一步发展，出现了许多重要的训诂著作。如裴松之《三国志注》、裴骃《史记集解》、何晏《论语集解》等，这些著作不仅解释了文献的字义，还阐发了文献的深层含义和文化背景。

（三）重要阶段与成果

唐五代时期，文献整理工作取得了重要成果。孔颖达《五经正义》确立了对儒教经典的权威解释，陆德明《经典释文》在校勘和训诂方面成就极高。同时，唐代还出现了《文选》的李善注和五臣注等重要注本。

刘知几在《史通》中首倡"六经皆史"的辨伪思想，对后世产生了深远影响。他的这一观点打破了传统经学对文献的束缚，使文献学的研究更加开放和多元。唐懿宗咸通九年（868）刻印的《金刚经》是现存最早的有确切日期的唐刻本。雕版印书的出现大大提高了文献的传播速度和效率，为后世的文献学研究提供了更多便利。

宋元时期，史学文献编纂取得了显著成果。欧阳修、宋祁之《新唐书》、司马光主编之《资治通鉴》等史书不仅内容丰富、体例完备，而且具有很高的学术价值。南宋的袁枢首创纪事本末体，成《通鉴纪事本末》，为后世史书编纂提供了新的思路和方法。宋元时期的公私目录学也取得了重要成果。官著有王尧臣等于仁宗景祐元年（1034）编写的《崇文总目》（后亡佚），私著有晁公武《郡斋读书志》、陈振孙《直斋书录解题》等。这些目录学著作不仅记录了当时文献的存佚情况，还为后世的文献学研究提供了重要资料。

宋元时期还涌现出许多杰出的文献学家，如郑樵、洪迈、朱熹等。他们的著作不仅在文献学领域具有重要地位，还对中国传统文化的发展产生了深远影响。

二、唐宋时期的古典文献学

唐宋时期的古典文献学，作为中国古代学术文化的重要组成部分，经历了显著的发展与创新，不仅在文献的收集、整理、校勘、注释等方面取得了丰硕成果，还深刻影响了后世学术研究的格局与方向。以下将从唐宋时期古典文献学的背景、主要成就、特色以及影响等方面进行详细阐述。

（一）唐宋时期古典文献学的背景

唐宋时期是中国古代经济与文化发展的鼎盛时期。唐朝的"贞观之治""开元盛世"以及宋朝的"文治武功"都为文化的繁荣提供了坚实的物质基础。经济的繁荣促进了文化的交流与融合，也为古典文献学的发展提供了丰富的资源。

唐宋时期的统治者普遍重视文化教育，尤其是儒家经典的学习与传播。唐太宗李世民诏令孔颖达等人编撰《五经正义》，统一了经学思想，为古典文献学的发展提供了重要的政策支持。宋代的统治者更是大兴文治，设立书院、鼓励藏书、编纂史书，进一步推动了古典文献学的繁荣。

（二）唐宋时期古典文献学的主要成就

唐宋时期，古典文献的收集与整理工作取得了显著成就。唐代文献学家如魏徵、颜师古等人，致力于搜集、整理古代典籍，为后世留下了丰富的文献资源。宋代则更加注重文献的校勘与整理工作，出现了如《太平御览》《册府元龟》等大型类书以及《资治通鉴》等史书巨著。唐代孔颖达等人编撰的《五经正义》是经学史上的重要里程碑。该书对《易》《书》《诗》《礼》《春秋》五经进行了系统的解释与注释，为后世经学的发展奠定了坚实基础。宋代则继续推动经学的发展，出现了如朱熹等人的理学思想，对儒家经典进行了新的阐释与发挥。

唐宋时期的史学也取得了显著成就。唐代史学家如刘知几、杜佑等人，对史学理论与方法进行了深入探讨与创新。宋代则出现了以司马光《资治通鉴》为代表的编年体史书巨著以及以袁枢《通鉴纪事本末》为代表的纪事本末体史书新体裁，进一步丰富了史学的表现形式与内容。唐宋时期的古典文献学还体现在文学与艺术的交融上。唐诗宋词作为中国文学史上的瑰宝，不仅具有极高的艺术价值，还蕴含着丰富的历史文化信息。同时，书法、绘画等艺术形式也与古典文献学密切相关，如唐代颜真卿的书法、宋代苏轼的书画等作品都体现了对古典文献的深刻理解与传承。

（三）唐宋时期古典文献学的特色

唐宋时期的古典文献学具有跨学科的综合性特点。它不仅涉及文学、历史学、哲学等人文社会科学领域，还涉及语言学、文字学、版本学等自然科学领域。这种跨学科的综合性特点使得古典文献学的研究更加全面和深入。唐宋时期的古典文献学家注重实证与考据的严谨性。他们通过广泛的文献搜集与整理工作以及对文献内容的深入分析与研究来揭示历史的真相与文化的内涵。这种严谨的治学态度使得唐宋时期的古典文献学成果具有很高的学术价值。

唐宋时期的古典文献学还体现了理论与实践的结合性特点。古典文献学家们不仅注重理论研究还积极将理论研究成果应用于实践之中，如编纂史书、注释经典等。这种理论与实践相结合的研究方法使得古典文献学的研究更加具有现实意义和应用价值。

（四）唐宋时期古典文献学的影响

唐宋时期的古典文献学成果对后世学术研究产生了深远影响。它不仅为后世学者提供了丰富的文献资源和研究基础，还为他们提供了重要的研究方法和思路。如清代学者在编纂《四库全书》时就大量借鉴了唐宋时期的古典文献学成果。唐宋时期的古典文献学还对中国传统文化的传承产生了重要影响。通过对古代典籍的收集、整理与研究，古典文献学家们使得这些宝贵的文化遗产得以保存并传承下去，为后世子孙提供了了解和学习传统文化的重要途径。

唐宋时期的古典文献学成果还通过丝绸之路等渠道传播到国外，对国际文化交流产生了积极影响。如唐代诗歌在日本的传播与影响以及宋代印刷术的发明与传播都体现了中国古典文献学在国际文化交流中的重要地位和作用。

三、明清时期的古典文献学

明清时期的古典文献学，作为中国古代学术史上的一个重要阶段，不仅继承了前代的研究成果，更在多个方面实现了突破与创新。这一时期，随着印刷术的普及、藏书文化的兴盛以及学术风气的转变，古典文献学的研究领域更加广泛，研究方法更为精细，研究成果也更为丰富。以下将从明清时期古典文献学的背景、主要成就、特色以及影响等方面进行详细阐述。

（一）明清时期古典文献学的背景

明清时期，印刷术尤其是活字印刷的广泛应用极大地促进了书籍的复制与传播。这使得大量古籍得以重印，不仅保存了珍贵文献，还使得学术资源更加普及。同时，私人藏书楼如雨后春笋般涌现，如宁波天一阁、常熟铁琴铜剑楼等，这些藏书楼不仅收藏了大量古籍，还推动了文献的整理与研究。明清时期，学术风气发生了显著变化。宋明理学的空谈之风逐渐被注重实证的考据学所取代。学者们开始关注文献的原始面貌，致力于通过细致的校勘、训诂、考据等方法，还原历史的真相。这种学术风气的转变，为古典文献学的发展注入了新的活力。

（二）明清时期古典文献学的主要成就

1. 古籍的整理与校勘

明清时期，古籍的整理与校勘工作取得了显著成就。学者们对大量古籍进行了系统的整理与校勘，纠正了前人的错误，恢复了文献的原始面貌。如明代毛晋汲古阁刻印的《十三经注疏》《十七史》等，都是经过精心校勘的版本。清代更是出现了如顾炎武、阎若璩、钱大昕等考据学大师，他们在古籍整理与校勘方面做出了杰出贡献。

2. 类书、丛书的编纂

明清时期，类书、丛书的编纂蔚然成风。这些大型文献汇编不仅为学术研究提供了丰富的资料，还促进了知识的整合与传播。如明代的《永乐大典》、清代的《四库全书》等都是规模宏大的类书或丛书编纂工程。它们不仅收录了大量古籍，还进行了分类编排，为后世学者提供了极大的便利。

3. 专书研究与注释

明清时期的学者还注重专书的研究与注释工作。他们选择某一经典或重要文献进行深入研究，通过注释、疏解等方式揭示其内涵与价值。如清代的孙诒让《周礼正义》、王先谦《荀子集解》等都是专书研究的典范之作。这些著作不仅深化了人们对古籍的理解，还推动了学术研究的深入发展。

4.目录学、版本学的发展

明清时期的目录学、版本学也取得了显著进展。学者们对图书的分类、编目以及版本的鉴别与比较进行了深入研究，形成了系统的理论体系。如明代的焦竑《国史经籍志》、清代的纪昀等编《四库全书总目》等都是目录学的重要著作，而黄丕烈、叶德辉等则是版本学领域的杰出代表。他们的研究成果为后世学者提供了重要的参考与借鉴。

（三）明清时期古典文献学的特色

1.考据学的盛行

明清时期，考据学成为古典文献学的主流研究方法。学者们通过细致的校勘、训诂、考据等手段，力求还原文献的原始面貌和历史的真相。这种注重实证的研究方法不仅提高了学术研究的严谨性，还推动了学术研究的深入发展。

2.跨学科的综合研究

明清时期的古典文献学还体现了跨学科的综合研究特点。学者们不仅关注文献本身的内容与形式，还将其置于更广阔的历史、文化、社会等背景中进行考察。这种跨学科的综合研究方法使得古典文献学的研究更加全面和深入。

3.藏书与研究的结合

明清时期的藏书家往往也是学者，他们通过藏书来积累学术资源，并通过研究来发挥藏书的价值。这种藏书与研究的结合不仅促进了学术研究的深入发展，还推动了藏书文化的繁荣。

（四）明清时期古典文献学的影响

明清时期的古典文献学成果对后世学术研究产生了深远影响。它不仅为后世学者提供了丰富的文献资源和研究基础，还为他们提供了重要的研究方法和思路。如清代乾嘉学派的考据学风就深受明清时期古典文献学的影响。明清时期的古典文献学还对中国传统文化的传承产生了重要影响。通过对古代典籍进行整理与研究，这些宝贵的文化遗产得以保存并传承下去。同时，他们的研究成果也为后世子孙提供了了解和学习传统文化的重要途径。

明清时期的古典文献学成果还通过海上丝绸之路等渠道传播到国外，对国际文化交流产生了积极影响。如《四库全书》的编纂不仅是中国学术史上的大事，也引起了国外学者的关注与研究。此外，明清时期的古典文献学成果还通过传教士等渠道传入欧洲等地，为中西文化交流搭建了桥梁。

四、近现代古典文献学的演变与革新

近现代古典文献学的演变与革新是一个复杂而深刻的过程，它不仅反映了学术研究的内在动力，也受到了时代变迁、科技进步和社会需求等多重因素的影响。以下将从历史背景、学科发展、研究方法、应用领域以及未来展望等方面，详细阐述近现代古典文献学的演变与革新。

（一）历史背景

近现代以来，中国社会经历了巨大的变革，从封建社会向现代社会转型，这一过程中，学术领域也迎来了前所未有的发展机遇。随着西方学术思想的传入，中国传统学术开始与西方学术进行交流与融合，古典文献学作为研究古代文献的学科，自然也不例外。同时，随着印刷术的进一步发展和普及，古籍的复制与传播变得更加容易，这为古典文献学的研究提供了丰富的资料基础。

（二）学科发展

近现代以来，古典文献学逐渐形成了较为完善的学科体系。这一体系不仅包括传统的目录学、版本学、校勘学等分支学科，还吸收了西方文献学、历史学、文化学等相关学科的理论与方法，形成了跨学科的研究格局。同时，随着学科建设的加强，古典文献学逐渐成为高校中的一门重要学科，并设立了硕士点和博士点，培养了大量专业人才。

近现代古典文献学在研究方法上进行了革新。传统的校勘、训诂等方法仍然被保留并发展，但同时，学者们开始引入现代科技手段，如计算机技术、大数据分析等，对古文献进行更加全面和深入的分析。这些现代科技手段的应用，不仅提高了研究效率，还使得研究结论更加科学、准确。

（三）研究领域的拓展

近现代古典文献学的研究领域不断拓展，从传统的经史子集扩展到更为广泛的领域。例如，在文学领域，古典文献学不仅关注古典诗词、散文等文学作品的研究，还开始关注戏曲、小说等通俗文学的研究；在历史领域，古典文献学不仅关注正史的研究，还开始关注地方志、家谱等民间文献的研究；在哲学、宗教、艺术等领域，古典文献学也取得了丰硕的成果。

（四）应用领域的拓展

随着社会的发展和需求的增加，近现代古典文献学的应用领域也不断拓展。在教育领域，古典文献学被广泛应用于古代文献的教学和研究，通过教授古代文献，培养学生的思辨能力和文化修养；在文化产业领域，古典文献学的研究成果被用于文化旅游、文学创作、古代艺术品收藏等方面，推动了文化产业的发展；在社会科学研究领域，古典文献学的研究成果为其他学科提供了重要的参考资料和理论支持。

第三节　古典文献学的研究对象

一、古典文献的类型与特点

古典文献，作为人类文化遗产的重要组成部分，承载着丰富的历史、文化和学术价值。它们不仅在学术研究中占据着重要地位，也是文化传承和发展的重要纽带。

（一）古典文献的类型

古典文献的类型繁多，根据不同的分类标准可以划分为多种类型。以下是从几个主要维度进行的分类：

1. 文学类古典文献

文学类古典文献是指文学作品中具有经典地位的书籍，它们以诗歌、小说、散文等不同形式的文学作品为主。这类文献在文学史上占有重要地位，以其艺术性、思想性和文化内涵而著称。例如，中国的《诗经》《楚辞》《红楼梦》《西游记》等，以及西方的《荷马史诗》《奥德赛》《神曲》等，都是文学类古典文献的杰出代表。这些作品不仅具有高度的文学价值，还反映了当时社会的风貌和人们的思想情感。

2. 历史类古典文献

历史类古典文献主要包括古代国家的编年体史书、记载重要历史事件的史书，以及历代帝王的实录、编年纪事等。这类文献对于了解历史事件的背景和演变过程，以及古代社会制度和人物的重要性具有不可替代的价值。中国的《史记》《资治通鉴》等，西方的《罗马史》《希腊史》等，都是历史类古典文献的重要组成部分。它们通过详细的记述和深入的剖析，为我们提供了丰富的历史资料和深刻的历史见解。

3. 宗教类古典文献

宗教类古典文献涵盖了各个宗教体系的经典文献，如佛教的《大般若经》《金刚经》等，基督教的《圣经》中的《旧约全书》和《新约全书》，伊斯兰教的《古兰经》等。这些文献是宗教信仰的根基，也是人类思想和文化的宝库。它们不仅记录了宗教教义和神秘的智慧，还给予信徒以道德和精神的引导。通过阅读这些宗教类古典文献，我们可以深入了解不同宗教的思想体系和文化内涵。

4. 哲学类古典文献

哲学类古典文献是指哲学思想体系的经典文献，涉及人类的智慧和思考。例如，中国的《论语》《道德经》《庄子》等，西方的《柏拉图对话录》《亚里士多德政治学》等，都是哲学类古典文献的杰出代表。这些文献通过深入的哲学思考和严密的逻辑推理，探讨了人类存在的意义、价值、道德和社会等问题。它们对于人类追求智慧、探索人生意义和价值观具有重要的思想指导意义。

5. 其他类型古典文献

除了以上几种主要类型外，古典文献还包括了法律类、艺术类、科技类等多种类型。法律类古典文献如《汉律》《唐律》等，是了解古代法律制度和社会秩序的重要资料；艺术类古典文献如《历代名画记》《书法要论》等，则为我们提供了丰富的艺术史资料和审美体验；科技类古典文献如《天工开物》《本草纲目》等，则展示了古代科学技术的辉煌成就和独特贡献。

（二）古典文献的特点

古典文献作为某一时代或某一领域的代表性文献作品，具有鲜明的特点和独特的价值。古典文献是在特定时代产生的，具有鲜明的时代背景和特征。它们记录了当时的社会、政治、经济和文化状况，反映了当时人们的思想观念和价值取向。同时，古典文献作为某一时期或某一领域的代表，具有广泛的知名度和社会影响力。它们通常被广泛阅读、学习和研究，并成为后世文化、思想和艺术的重要源泉。

古典文献往往具有高度的艺术性和思想性。它们在语言表达、情节构思、人物形象塑造等方面都达到了较高的艺术水平，给人以美的享受和情感的共鸣。同时，古典文献还蕴含着深刻的思想内涵和哲理思考，通过对人生、社会、宇宙等问题的探讨和反思，引导人们追求真理、智慧和道德。

古典文献形式多样，涵盖了诗歌、小说、散文、史书等不同文学形式。这些不同形式的古典文献通过不同的艺术手段表达文化、思想和情感，给人以多样化的审美体验。同时，古典文献还往往具有综合性的特点，它们不仅涉及文学领域，还涉及历史、哲学、宗教等多个领域的知识和信息。这使得古典文献在学术研究中具有重要的参考价值。

古典文献作为文化传承和发展的重要纽带，具有传承性和创新性的特点。它们通过世代相传的方式不断传承下来，成为后人了解历史文化和思想智慧的重要途径。同时，古典文献在传承过程中也不断进行创新和发展，吸收新的思想观念和艺术手法不断丰富和完善自身。这种传承与创新相结合的特点使得古典文献在文化传承和发展中发挥着重要作用。

古典文献在学术研究中占据着重要地位，具有高度的学术性和权威性特点。它们经过历代学者的整理和研究形成了较为完善的学术体系和方法论体系。这些学术体系和方法论体系为后人进行学术研究提供了重要的参考和借鉴。同时古典文献作为某一领域或某一时期的代表性作品具有较高的权威性和可信度，这使得古典文献在学术研究中具有不可替代的价值和地位。

二、古典文献的内容与形式

古典文献，作为人类文化遗产的瑰宝，承载着丰富的历史、文化和学术信息。它们不仅是古代社会生活的真实记录，也是后人了解过去、探索未来的重要窗口。在探讨古典文献时，内容与形式是两个不可或缺的方面。以下将从这两个维度对古典文献进行深入分析。

（一）古典文献的内容

古典文献的内容丰富多彩，涵盖了政治、经济、文化、历史、哲学、宗教、艺术等多个领域。这些内容不仅反映了古代社会的方方面面，也体现了古人的思想观念和价值取向。

古典文献中最为常见的内容之一是历史记载。这些记载往往以编年体、纪传体等形式出现，详细记录了古代国家的历史事件、政治制度、社会变迁等。例如，中国的《史记》《资治通鉴》等史书，就是古代历史记载的重要代表。它们通过翔实的史料和生动的叙述，为我们呈现了一幅幅古代社会的历史画卷。古典文献中还蕴含着丰富的哲学思想。这些思想往往通过经典著作、语录、论文等形式流传下来，成为后世哲学研究的重要资料。例如，中国的儒家思想、道家思想、墨家思想等，都有大量的古典文献作为支撑。这些文献不仅阐述了各家学派的基本观点和理论体系，还通过辩论、争鸣等方式推动了古代哲学思想的发展。

古典文献中的文学艺术内容同样丰富多彩。它们以诗歌、散文、小说、戏曲等形式出现，展现了古代文学艺术的独特魅力和深厚底蕴。例如，中国的《诗经》《楚辞》《唐诗三百首》等文学作品，就是古代文学艺术的杰出代表。这些作品不仅具有高度的艺术价值，还反映了当时社会的风貌和人们的思想情感。宗教信仰也是古典文献中不可或缺的内容之一。各种宗教的经典文献、教义解释、宗教仪式等都被记录在古典文献中。例如，佛教的《大藏经》、基督教的《圣经》等就是宗教信仰类古典文献的重要代表。这些文献不仅为信徒提供了信仰的支撑和精神的寄托，还通过传播和交流促进了不同文化之间的融合与碰撞。

（二）古典文献的形式

古典文献的形式多种多样，既有物质形态上的载体和装帧方式，也有表达方式和结构布局上的特点。这些形式不仅为内容的呈现提供了载体和工具，还通过独特的艺术手法和审美追求增强了文献的吸引力和感染力。

1. 物质形态

古典文献的物质形态主要包括载体材料、装帧方式和图文符号等方面。

载体材料：古代文献的载体材料多种多样，包括竹简、木牍、丝帛、纸张等。这些材料不仅具有不同的物理特性和保存寿命，还反映了当时社会的生产力和技术水平。例如，纸张的发明和普及极大地推动了古代文献的保存和传播。

装帧方式：古典文献的装帧方式也多种多样，包括卷轴装、龙鳞装、经折装、蝴蝶装、包背装、古线装等。这些装帧方式不仅美观大方，还便于保存和携带。例如，卷轴装是古代文献最为常见的装帧方式之一，它通过将长卷纸或绢帛卷在圆木或其他棒状物上制成卷轴，既方便阅读又便于保存。

图文符号：古典文献中的图文符号是文献内容的重要表达手段。汉字作为中国古代文献的主要载体之一，其字体和书写风格也经历了漫长的发展和演变过程。从甲骨文、金文到小篆、隶书、楷书等字体的出现和变化，不仅反映了汉字书写技术的进步和审美追求的变化，也为我们提供了丰富的历史和文化信息。此外，古代文献中还常常使用各种符号和标记来辅助表达和理解文献内容。

2. 表达方式与结构布局

古典文献的表达方式和结构布局也是其形式的重要组成部分。

古典文献的表达方式多种多样，包括叙述、描写、议论、抒情等。这些表达方式不仅丰富了文献的表现手法和艺术效果，还使得文献内容更加生动、形象、深刻。例如，《史记》中的"列传"部分就采用了叙述和描写相结合的方式，生动地刻画了历史人物的形象和性格特征。

古典文献的结构布局也各具特色。它们往往根据内容的需要采用不同的结构形式来组织材料、安排段落和章节。例如，《资治通鉴》采用了编年体的结构形式，按照时间顺序逐年记载历史事件；而《史记》则采用了纪传体的结构形式，以人物为中心来叙述历史。这些不同的结构布局形式不仅使得文献内容更加条理清晰、层次分明，还增强了文献的可读性和吸引力。

三、古典文献的价值与意义

古典文献，作为人类历史长河中积淀下来的珍贵文化遗产，承载着丰富的历史信息、深邃的思想智慧、独特的艺术魅力和广泛的文化影响。它们不仅是古代社会生活的真实写照，更是后世理解过去、启迪现在、展望未来的重要桥梁。

（一）历史价值：传承与见证

古典文献的首要价值在于其历史价值。作为历史的记录者和传承者，古典文献为我们提供了了解古代社会、政治、经济、文化等各个方面的第一手资料。这些文献中包含了大量的历史事件、人物传记、社会制度、风俗习惯等信息，为我们还原古代社会的真实面貌提供了可靠的依据。

古典文献通过详细的记载和生动的叙述，再现了古代社会的历史场景和重大事件。例如，史书中的编年记事、人物传记等，为我们呈现了古代国家的兴衰更替、重要战役的经过以及历史人物的生平事迹。这些历史事实不仅丰富了我们的历史知识，也帮助我们更好地理解了古代社会的运作机制和人类历史的发展脉络。

古典文献还见证了古代社会的变迁和发展。从原始社会的简单生活到封建社会的复杂结构，从农业文明的兴起到商业贸易的繁荣，古典文献都为我们提供了宝贵的历史见证。通过这些文献，我们可以清晰地看到古代社会在政治、经济、文化等方面的变化和进步。

（二）思想价值：启迪与引领

古典文献中蕴含着丰富的思想智慧，这些思想不仅在当时具有深远的影响，而且对后世也具有重要的启迪和引领作用。

古典文献中包含了众多哲学家的思想观点和理论体系。这些思想不仅涉及宇宙观、人生观、价值观等哲学基本问题，还涉及道德伦理、社会治理等具体领域。通过对这些思想进行学习和研究，我们可以深入了解古代哲学的精髓和魅力，同时也能够从中汲取智慧和灵感，为当代社会的发展提供有益的借鉴和启示。

古典文献还是文化传统的重要载体。它们通过文字的形式将古代文化的精髓和特色传承下来，使得后人能够了解和感受古代文化的独特魅力和价值。这些文化传统不仅是我们民族精神的根基和灵魂，也是我们文化自信的重要来源。通过学习和传承古典文献中的文化传统，我们可以更好地弘扬民族文化、增强民族凝聚力。

（三）艺术价值：审美与创造

古典文献在艺术形式上也具有极高的价值。它们通过独特的艺术手法和审美追求展现了古代文学艺术的独特魅力和深厚底蕴。

古典文献中的文学作品如诗歌、散文、小说等，都是古代文学艺术的杰出代表。这些作品以其独特的艺术风格和深刻的思想内涵赢得了广泛的赞誉和喜爱。它们通过生动的形象塑造、细腻的情感描绘和深刻的哲理思考展现了古代文学艺术的独特魅力和审美价值。同时，这些作品也为后世文学创作提供了重要的参考和借鉴。

古典文献在艺术手法上也进行了不断的创新和发展。它们通过运用比喻、象征、夸张等修辞手法来增强作品的表现力和感染力，通过采用叙事、抒情、议论等表达方式来丰富作品的思想内涵和艺术效果。这些艺术手法的创新不仅为古代文学艺术的发展注入了新的活力，也为后世艺术创作提供了有益的启示和借鉴。

（四）文化价值：交流与融合

古典文献还具有广泛的文化价值。它们作为不同文化之间交流和融合的重要媒介，促进了文化的多样性和包容性。

古典文献是不同文化之间交流的重要桥梁。它们通过翻译和传播等方式被引入其他国家和地区，成为不同文化之间相互了解和交流的重要媒介。通过这些文献的传播和交流，我们可以更好地了解其他文化的特点和精髓，促进不同文化之间的理解和尊重。

古典文献还推动了不同文化之间的融合和发展。在文化交流过程中，不同文化之间的相互影响和渗透促进了文化的融合和创新。例如，中国的佛教文化就是通过古典文献的传播和交流逐渐融入中国传统文化中的，而西方的科学技术和思想观念也通过古典文献的引入和传播对中国社会产生了深远的影响。

（五）现实意义：启示与指导

古典文献不仅具有深远的历史和文化价值，还具有重要的现实意义。它们为当代社会的发展提供了有益的启示和指导。

古典文献作为历史的记录者和传承者，为我们提供了宝贵的历史镜鉴。通过学习和研究古典文献中的历史事件和人物传记等内容，我们可以从中汲取经验和教训为当代社会的发展提供有益的借鉴和启示。例如，我们可以从古代的政治制度中汲取智慧来完善现代的政治体制，从古代的经济思想中汲取灵感来推动现代经济的发展。

古典文献还是我们文化自信的重要支撑。通过对古典文献进行学习和研究，我们可以更加深入地了解我们的文化传统和历史底蕴，从而增强我们的文化自信心和民族自豪感。这种文化自信不仅是我们面对外来文化冲击时保持独立和清醒的重要保障，也是我们推动文化创新和发展的重要动力源泉。

四、古典文献学研究的重点与难点

古典文献学，作为研究古代文献的学科，涵盖了古代文化、历史、语言等多个领域，其研究重点与难点深刻影响着我们对古代社会的认知与理解。以下是对古典文献学研究的重点与难点的详细探讨。

（一）古典文献学研究的重点

目录学是研究目录的产生和发展规律的科学，它着重于如何编制和利用各种目录，以便更好地检索和利用古典文献。古典文献目录的形成、发展概况及特点，是古典文献学研究的重点。西汉刘向、刘歆父子开启了目录学的先河，宋代郑樵的《通志校雠略》进一步推动了目录学的发展，直至清代及近现代，目录学的研究不断集大成，如余嘉锡的《目录学发微》和姚名达的《中国目录学史》等。目录学不仅为学者提供了便捷的检索途径，还有助于考辨学术源流，是读书治学的重要门径。

版本学是研究文献的版本知识，包括版本的鉴别、选择、购买、阅读和收藏等。古典文献在流传过程中，由于抄写、刻印等原因，往往存在多种版本，这些版本在内容、文字上可能存在差异。因此，版本学的研究对于恢复文献的原始面貌、保证文献的准确性具有重要意义。同时，校勘学是研究文献在形成与流传过程中所出现的各种文字错误，分析错误原因，并尽可能地恢复文献的原来面目。校勘工作对于古典文献的整理和利用至关重要，是文献学研究的基础性工作。

辨伪学是研究文献在形成与流传过程中普遍出现的伪书现象，辨别那些作者不真、年代不实或内容造假的文献，力图展示文献的真实面貌。古典文献中伪书众多，辨伪工作对于保证文献的真实性和可靠性具有重要意义。同时，辑佚学是研究从各种文献中辑录已经散佚的文献片段，以恢复文献的完整性和原貌。辑佚工作有助于挖掘和保存古代文化的珍贵遗产。

古典文献的收藏、管理和检索也是文献学研究的重要方面。随着古典文献数量的不断增加和种类的日益丰富，如何科学合理地收藏、管理和检索这些文献成为亟待解决的问题。研究古典文献的收藏、管理和检索的原理与基本程序，介绍检索古典文献的手段、工具与方式方法，对于提高古典文献的利用效率具有重要意义。

（二）古典文献学研究的难点

古代文献的保存与保护是古典文献学研究的一大难点。许多珍贵的古代文献因战乱、自然灾害、人为破坏等原因而失传或损毁。如何有效地保存和保护这些文献，防止其进一步损坏或流失，是文献学研究者面临的重要挑战。此外，随着数字化技术的兴起，如何将传统文献数字化并妥善保存，也是当前文献学研究需要解决的重要问题。

古代文献的解读与传承是另一个难点。由于古代文献的语言文字、书写习惯、思想观念等与现代存在巨大差异，因此如何准确解读这些文献成为一大难题。这不仅需要研究者具备扎实的古汉语功底和丰富的历史文化知识，还需要具备跨学科的视野和方法论。同时，在传承过程中如何使研究成果更加通俗易懂，让更多人能够了解古代文献也是一项重要任务。

跨学科研究是古典文献学发展的必然趋势，但也带来了新的挑战。古典文献学的研究不再局限于文学领域，而是逐渐向历史、考古、哲学等领域渗透。这种跨学科的研究合作虽然拓展了研究角度和方法，但也要求研究者具备更加广泛的知识储备和跨学科的研究能力。如何在跨学科研究中保持学科特色并推动学科发展是研究者需要思考的问题。

数字化与信息化技术的应用为古典文献学研究提供了新的机遇但也带来了挑战。数字化技术的广泛应用使得古代文献的数字化存储、整理和传播成为可能，但同时也存在数据质量、版权保护、技术更新等问题。如何充分利用数字化技术提高古典文献的利用效率并保障其安全性和可靠性是研究者需要面对的重要课题。

第四节　古典文献学的研究方法

一、古典文献学的文献调查法

古典文献学的文献调查法，作为一种重要的研究方法，在古典文献的搜集、整理、分析和研究过程中发挥着不可替代的作用。

（一）文献调查法的定义与特点

定义：文献调查法，顾名思义，是指通过搜集、整理和分析相关文献来获取研究所需信息的一种调查方法。在古典文献学领域，文献调查法特指通过查找、阅读、分析和研究古代文献，以揭示其历史背景、思想内容、文化价值及传承情况等。

文献调查法是一种间接的调查方法，研究者不直接与被研究对象接触，而是通过文献这一媒介来获取信息。与实地调查等介入性调查方法不同，文献调查法不会对研究对象产生直接影响，保证了研究的客观性和中立性。现存的古典文献种类繁多，涵盖了历史、哲学、文学、艺术等多个领域，为研究者提供了丰富的信息来源。文献调查法不受时间和空间的限制，研究者可以根据需要随时随地进行文献的搜集和整理工作。

（二）文献调查法的应用步骤

在进行文献调查之前，研究者首先需要明确自己的研究目的和问题，以便有针对性地搜集和分析文献。根据研究目的和问题，制订详细的调查计划，包括文献的搜集范围、搜集方式、整理分析方法等。

按照调查计划，通过图书馆、档案馆、网络等多种途径搜集相关文献。在搜集过程中，要注意文献的权威性和可靠性。对搜集到的文献进行整理分类，建立文献目录和索引，以便后续的分析和研究工作。运用内容分析、比较研究等方法对文献进行深入分析，提炼出有价值的信息和观点。根据分析结果撰写研究报告，总结研究成果并提出相关建议。

（三）文献调查法的信息来源

在古典文献学领域，文献调查法的信息来源主要包括以下几个方面：

官方文献：如政府公文、诏书、律令等，这些文献通常具有较高的权威性和可靠性。

史书：包括正史、野史、编年体史书等，是了解古代历史、政治、文化等方面的重要资料。

文集：古代文人学士的诗文作品集，反映了当时的文化风貌和文人思想。

碑刻墓志：古代碑刻墓志是研究古代历史、文化、艺术等方面的重要实物资料。

期刊论文：现代学者对古典文献的研究成果和观点也是重要的信息来源之一。

网络资源：随着信息技术的发展，网络资源如电子图书、数据库等也为文献调查提供了便利。

（四）文献真实性与可用性鉴定

1. 真实性检定

作者背景：考察文献作者的学术背景、声誉和作品质量，以判断文献的真实性。

文献来源：确认文献的出版机构、发行渠道等是否正规可靠。

内容比对：将文献中的内容与其他可靠资料进行对比验证，以判断其真实性。

2. 可用性鉴定

时效性：检查文献的出版时间是否满足研究需求，避免使用过时的资料。

完整性：确保文献内容完整无缺，避免信息缺失导致的研究偏差。

相关性：评估文献与研究问题的相关程度，确保文献能够为研究提供有价值的信息。

（五）文献的整理与分析方法

1. 整理方法

分类整理：根据文献的内容、形式、时间等特征进行分类整理，建立文献目录和索引。

摘要提取：对文献中的关键信息进行摘要提取，以便后续的分析和研究工作。

2. 分析方法

内容分析法：通过对文献内容的深入分析，揭示其内在的思想、观点和价值。

比较研究法：将不同文献中的观点、数据进行比较分析，以发现其共性和差异。

定量分析法：对文献中的数据进行统计分析，以揭示其数量关系和规律。

（六）文献调查法的应用意义

文献调查法在古典文献学领域的应用具有重要意义。首先，它有助于研究者全面、系统地了解古代社会的历史、文化、思想等方面的情况；其次，通过文献调查法可以获取大量可靠的信息和数据，为研究提供有力的支撑；最后，文献调查法还可以促进学术交流和合作，推动古典文献学研究深入发展。

二、古典文献学的历史比较法

古典文献学的历史比较法，作为一种深入探究古代文献及其背后历史文化背景的研究方法，具有深厚的学术价值和广泛的应用前景。

（一）历史比较法的定义

历史比较法，顾名思义，是通过对比不同历史时期、不同地域、不同文化背景下的文献材料，以揭示其共同性、差异性及演变规律的一种研究方法。在古典文献学领域，历史比较法被广泛应用于文献的考证、校勘、版本研究以及文化比较研究等多个方面，旨在通过对比分析，深化对古代文献及其所承载文化的理解。

（二）理论基础

历史比较法的理论基础主要包括以下几个方面：

历史发展观：认为历史是一个连续不断的发展过程，不同历史时期的文化现象、思想观念等存在着继承与发展的关系。因此，通过对比分析不同历史时期的文献材料，可以揭示其内在联系和发展规律。

文化多样性：承认不同地域、不同文化背景下产生的文献材料具有各自的独特性和差异性。历史比较法正是通过对比这些差异，来揭示其背后的文化因素和社会背景。

科学方法论：强调运用科学的方法论指导历史比较法的实施。这包括明确研究目的、制订研究计划、搜集整理文献材料、进行对比分析以及得出科学结论等步骤。

（三）应用领域

古典文献学的历史比较法广泛应用于以下几个方面：

文献考证：通过对比不同版本的古代文献，发现其异同点，从而考证文献的真实性、可靠性及作者意图等。例如，在古籍校勘中，常采用历史比较法对不同版本的文字、内容等进行对比，以确定最接近原貌的版本。

版本研究：版本研究是古典文献学的重要组成部分。历史比较法通过对不同版本进行对比分析，可以揭示版本的演变过程、编纂特点及其背后的社会文化因素。这对于了解古代文献的传播、接受及影响具有重要意义。

文化比较研究：通过对比不同地域、不同文化背景下的文献材料，可以揭示其文化特征的异同点及相互影响。这对于深入理解古代文化的多样性、交流与融合具有重要意义。

（四）实施步骤

历史比较法的实施步骤主要包括以下几个方面：

明确研究目的：在进行历史比较之前，首先要明确研究目的和问题，以便有针对性地搜集和整理文献材料。

搜集文献材料：根据研究目的和问题，广泛搜集相关文献材料。这包括不同历史时期、不同地域、不同文化背景下的文献材料，以及现代学者的研究成果等。

整理文献材料：对搜集到的文献材料进行整理分类，建立文献目录和索引，以便后续对比分析。

对比分析：运用历史比较法对不同文献材料进行对比分析。这包括对比文字内容、思想观念、文化背景等方面，以揭示其共同性、差异性及演变规律。

得出结论：根据对比分析的结果，得出科学结论。这些结论可能涉及文献的真实性、可靠性、版本特点、文化特征等方面。

（五）注意事项

在运用历史比较法进行古典文献学研究时，需要注意以下几个方面：

客观公正：在进行对比分析时，要保持客观公正的态度，避免主观臆断和偏见。同时，要注意文献材料的来源和可靠性，确保分析结果的准确性。

全面系统：要尽可能全面地搜集和整理文献材料，避免遗漏重要信息。同时，要运用系统的方法论指导历史比较法的实施，确保分析结果的全面性和系统性。

历史语境：要注意将文献材料置于其产生的历史语境中进行解读和分析。不同历史时期的文化背景和社会环境对文献材料的产生和流传具有重要影响，因此在进行对比分析时需要考虑这些因素。

跨学科视角：古典文献学涉及多个学科领域，如历史学、文学、哲学、宗教学等。因此，在运用历史比较法进行研究时，需要具备跨学科的知识背景和视角，以便更全面地理解文献材料及其背后的文化现象。

三、古典文献学的归纳演绎法

在古典文献学的广阔领域中，归纳法与演绎法作为两种基本而重要的研究方法，各自扮演着不可或缺的角色。它们不仅为学者提供了深入探索古代文献内在规律与外延影响的工具，还促进了学术研究的系统化与科学化。

（一）归纳法与演绎法的定义

归纳法是一种从特殊到一般的推理方法，它通过对多个个别或特殊事例进行观察、分析和总结，提炼出具有普遍性的结论或规律。在古典文献学中，归纳法常被用于整理和分析大量文献材料，从中发现共性、规律或趋势，进而形成对某一历史时期、文化现象或文献类型的整体认识。

演绎法则是一种从一般到特殊的推理方法，它基于已知的一般性原理或假设，推导出个别或特殊情况的结论。在古典文献学中，演绎法常用于验证假设、解释现象或预测趋势，通过逻辑推理将普遍性的知识应用于具体文献的分析中，以深化对文献内容的理解。

（二）理论基础

归纳法的理论基础主要建立在经验主义和实证主义之上。它认为，通过对大量个别事例的观察和实验，可以归纳出普遍性的规律和原理。这种方法强调对具体事实的收集和整理，以及对数据之间关系的分析和总结。

演绎法的理论基础则主要来源于逻辑学和形式化思维。它认为，如果已知某个一般性的原理或假设是正确的，那么根据这个原理或假设推导出的个别结论也应该是正确的。这种方法强调逻辑推理的严密性和结论的必然性。

（三）在古典文献学中的应用

归纳法在古典文献学中的应用主要体现在以下几个方面：

文献整理与分类：通过对大量古典文献的阅读和分析，归纳出文献的主题、内容、形式等方面的共性，进而对文献进行分类整理，为后续研究提供便利。

规律发现：在整理分类的基础上，进一步分析文献之间的内在联系和演变规律，如文献的传播路径、版本演变、思想流变等，从而揭示出某一历史时期或文化现象的特点和趋势。

学术创新：通过对个别文献的深入研究，归纳出具有普遍性的学术观点或理论框架，为古典文献学的学科发展贡献新的知识和见解。

演绎法在古典文献学中的应用则主要体现在以下几个方面：

假设验证：基于已有的学术理论或假设，通过对具体文献的分析和验证，来检验这些理论或假设的正确性和适用性。

现象解释：利用一般性原理或假设来解释古典文献中的特定现象或问题，如利用文学理论来解释古代文学作品的主题、意象和风格等。

预测趋势：根据已有的学术规律和趋势，结合具体文献的特点和背景，预测未来古典文献学的发展方向或研究热点。

（四）实施步骤

归纳法的实施一般包括以下步骤：

收集资料：广泛搜集与研究对象相关的古典文献材料。

整理分类：对收集到的文献材料进行整理分类，以便后续分析。

分析总结：对分类后的文献材料进行深入分析，归纳出其中的共性、规律和趋势。

形成结论：根据分析结果形成具有普遍性的结论或规律。

演绎法的实施步则包括以下步骤：

确定前提：明确已知的一般性原理或假设作为推理的前提。

构建推理：根据前提构建逻辑推理过程，推导出个别或特殊情况的结论。

验证结论：通过实际文献材料或实验数据来验证推导出的结论是否正确。

调整前提：如果结论与实际情况不符，需要调整前提或重新构建推理过程。

（五）相互关系

在古典文献学中，归纳法与演绎法并不是孤立的研究方法，而是相互依存、相互补充的。归纳法为演绎法提供了必要的前提和基础，通过归纳出的普遍性规律和原理来指导演绎推理的进行；而演绎法则为归纳法提供了验证和深化的手段，通过逻辑推理来检验归纳结论的正确性和适用性。

此外，归纳法与演绎法还在一定程度上存在相互转化的可能性。在归纳过程中，随着对个别事例的深入分析和总结，可能会发现新的普遍性规律和原理；而在演绎过程中，通过对个别情况的深入研究和验证，也可能会对原有的一般性原理或假设进行修正和完善。

四、古典文献学的跨学科研究法

古典文献学作为研究古代文字和文献的学科，其研究范畴不仅限于文字本身的解析与诠释，更涉及广泛的历史、文化、社会乃至语言学等多个领域。跨学科研究法正是古典文献学探索古代文明、理解历史文化深度与广度的重要途径。

（一）跨学科研究法的定义

跨学科研究法，顾名思义，是指跨越单一学科界限，综合运用多个学科的理论、方法和技术手段，对某一研究对象进行全面、深入分析与研究。在古典文献学领域，跨学科研究法意味着将历史学、考古学、语言学、文化研究、心理学、社会学、人类学等多学科的知识和方法融入古典文献的研究中，以期获得更丰富、全面的研究成果。

（二）理论基础

跨学科研究法的理论基础主要源于知识体系的整体性和复杂性。现代科学的发展越来越趋向于综合化、交叉化，单一学科的研究往往难以全面揭示复杂事物的本质和规律。因此，跨学科研究法应运而生，它打破了学科之间的壁垒，促进了学科之间的交流与融合，为科学研究提供了新的视角和方法。

在古典文献学领域，跨学科研究法的理论基础还包括以下几点：

文献的多元性：古典文献不仅是文字的记载，更是历史、文化、社会等多方面的综合反映。因此，需要多学科的知识和方法来全面解读。

文化的连续性：古代文化与现代文化之间存在着千丝万缕的联系，通过跨学科研究，可以揭示这种联系，更好地理解古代文化的内涵和影响。

问题的复杂性：古典文献研究中遇到的问题往往涉及多个领域，如历史背景、语言障碍、文化背景等，需要跨学科的知识和方法来共同解决。

（三）在古典文献学中的应用

跨学科研究法在古典文献学中的应用广泛而深入，主要体现在以下几个方面：

历史学为古典文献学提供了丰富的历史背景和时间框架，使得文献的解读更加准确和深入。同时，古典文献学的研究成果也为历史学家提供了宝贵的史料和证据，推动了历史研究的进步。例如，通过对古代文献的整理和分析，可以还原历史事件的真实面貌，揭示历史人物的思想和行为背后的动机。

考古学通过挖掘古代遗址和文物，揭示了古代社会的物质文化和生活方式。然而，考古材料往往缺乏直接的文字记录，需要结合古典文献学的研究成果来解读其背后的文化内涵和社会背景。反之，古典文献学也需要借助考古学的发现来验证文献记载的真实性和准确性。这种互补关系使得两者在古典文献研究中相互依存、相互促进。

语言学是研究语言的结构、演变和使用的学科，对于古典文献的解读具有至关重要的作用。通过对古代文献的语言文字进行深入研究，可以揭示古代人们的思维方式、价值观和交流方式。同时，语言学的方法和技术也为古典文献的校勘、注释和翻译提供了有力支持。因此，语言学与古典文献学的交融是跨学科研究法的重要体现。文化研究关注文化的传承、演变和交流，对于理解古典文献所反映的文化内涵具有重要意义。通过对古代文献的研究，可以揭示当时社会的价值观、思想观念、宗教崇拜等方面的内容。同时，文化研究的方法和理论也为古典文献的解读提供了新的视角和思路。这种互动关系促进了古典文献学与文化研究的共同发展。

除了上述学科外，心理学、社会学、人类学等学科也为古典文献学的跨学科研究提供了丰富的素材和视角。通过对古代文献中人物心理、社会结构、人类行为等方面的分析，可以揭示古代社会的深层次特征和规律。这些学科的融入使得古典文献学的研究更加全面和深入。

第五节 古典文献学的学术价值

一、古典文献学可以推动学术研究的发展

古典文献学作为研究古代文献的学科，承载着挖掘历史智慧、传承文化遗产的重要使命。它不仅关注古代文献的整理、校勘、注释与翻译，更致力于通过深入解析古代文献，揭示其背后的历史文化内涵、思想体系及社会变迁。在这一过程中，古典文献学以其独特的视角和方法论，对学术研究的发展产生了深远的影响，成为推动学术进步不可或缺的力量。

古典文献是历史长河中遗留下来的宝贵财富，它们记录了古代社会的政治、经济、文化、科技等各个方面的信息，是后人了解过去、认识现在、预测未来的重要依据。古典文献学通过系统的整理、校勘和注释工作，将这些珍贵的文献资源转化为可供学术研究直接利用的材料，为各个领域的研究者提供了丰富的资料库。无论是历史学、哲学、文学、语言学，还是社会学、人类学、宗教学等学科，都能从古典文献中找到研究的灵感和证据，从而推动各自领域的学术发展。

古典文献学的研究过程本身就是一种学术方法的实践和创新。在整理、校勘、注释和翻译古代文献的过程中，古典文献学者需要运用多种学科的知识和方法，如历史学的考据法、语言学的分析法、哲学的思辨法等，这些方法的综合运用不仅提高了文献研究的准确性和深度，也为其他学科的研究提供了可借鉴的范式。同时，古典文献学还注重跨学科的研究方法，通过与其他学科的交叉融合，不断探索新的研究路径和视角，为学术方法的创新注入了新的活力。

古典文献作为古代文化的载体，蕴含着丰富的文化内涵和思想精髓。古典文献学通过深入研究古代文献，可以揭示古代社会的思想观念、价值观念、道德观念等方面的内容，从而加深我们对古代文化的理解和认识。这种对古代文化的深入理解，不仅有助于我们更好地传承和弘扬传统文化，还能为现代社会的文化建设提供有益的借鉴和启示。同时，通过对古代文化的深入研究，我们还可以发现古代文化的独特魅力和价值，促进文化多样性和文化自信的提升。

随着全球化的深入发展，学术研究也日益呈现出国际化的趋势。古典文献学作为具有普遍性和国际性的学科，其研究成果不仅在国内学术界产生广泛影响，还吸引了国际学术界的关注。通过国际的学术交流与合作，古典文献学得以在全球范围内传播和分享其研究成果和学术理念，促进了学术研究的国际化进程。同时，古典文献学还

积极参与国际学术组织和会议，推动国际学术标准的制定和完善，为国际学术研究的发展做出了积极贡献。

古典文献学不仅在历史、文化等传统学科中发挥着重要作用，还在现代学术研究中展现出广泛的应用价值。例如，在法学领域，古典文献学的研究成果可以为法律制度的演变提供历史依据和理论支撑；在经济学领域，古典文献中关于市场、货币、贸易等方面的记载可以为现代经济理论的研究提供启示和参考；在医学领域，古代医学文献的整理和研究可以为现代医学的发展提供宝贵的经验和知识。此外，古典文献学的研究成果还可被应用于教育、艺术、科技等多个领域，为现代社会的全面发展提供智力支持。

当然，古典文献学在推动学术研究发展的过程中也面临着一些挑战。一方面，随着现代科技的飞速发展，数字化、网络化等技术手段为古典文献的整理和研究提供了便捷的条件，但同时也带来了版权保护、数据安全等问题；另一方面，随着国际学术交流的日益频繁，古典文献学的研究也需要更加注重跨文化的理解和对话，以避免文化误读和偏见。然而，这些挑战也孕育着新的机遇。通过加强技术创新和国际合作，古典文献学可以不断提升自身的研究水平和国际影响力，为学术研究的发展注入新的动力。

二、古典文献学可以传承与弘扬中华优秀传统文化

在浩瀚的历史长河中，中华优秀传统文化如同璀璨星辰，照亮了华夏儿女前行的道路。作为研究古代文献的专门学科，古典文献学在传承与弘扬中华优秀传统文化方面扮演着至关重要的角色。它不仅是对古代文献进行整理、校勘、注释与翻译的学科实践，更是连接过去与现在、沟通传统与现代的桥梁。

（一）古典文献学的学科特性与使命

古典文献学，顾名思义，是研究古代文献的学问。其学科特性主要体现在对古代文献的广泛收集、精心整理、科学校勘和深入阐释上。这一过程不仅要求学者具备扎实的语言文字功底，还需要具备深厚的历史文化素养和敏锐的学术洞察力。古典文献学的使命，正是通过系统的研究和整理，揭示古代文献的历史价值、文化意义和思想内涵，为后人提供宝贵的精神财富和学术资源。

（二）古典文献学的研究方法与文化传承

整理与校勘：古典文献在流传过程中往往会出现错讹、脱漏、衍文等问题，影响文献的真实性和可读性。古典文献学者通过细致的整理与校勘工作，恢复文献的原貌，确保文献的准确性和完整性。这一过程不仅是对文献本身的保护，更是对中华优秀传统文化的尊重和传承。

注释与翻译：古代文献由于语言的隔阂和时代的变迁，往往难以被现代人所理解。古典文献学者通过注释和翻译的方式，将古代文献中的字词、句读、典故等逐一解释清楚，使现代人能够跨越时空的障碍，领略古代文化的魅力。同时，注释和翻译也是传播和弘扬中华优秀传统文化的重要途径。

研究与阐释：古典文献学不仅仅是对文献的整理和解释，更重要的是对文献背后的历史、文化、思想等进行深入的研究和阐释。通过对古代文献的解读，我们可以更好地理解古代社会的政治、经济、文化、思想等方面的状况，进而把握中华优秀传统文化的精髓和特质。

（三）古典文献学在文化传承中的功能

古典文献是历史记忆的载体，它们记录了古代社会的方方面面。古典文献学通过对这些文献的整理和研究，使我们能够清晰地看到古代社会的真实面貌，从而增强民族认同感和历史使命感。中华优秀传统文化蕴含着丰富的哲学思想、道德观念、审美情趣等文化精髓。古典文献学通过深入挖掘和阐释这些文献中的文化内涵，使这些文化精髓得以传承和弘扬，为现代社会提供精神滋养和文化支撑。

古典文献学不仅关注国内古代文献的研究，还积极参与国际的文化交流与合作。通过与国际学术界的沟通和交流，古典文献学将中华优秀传统文化的独特魅力展现给世界，增强了中华文化的国际影响力和吸引力。

（四）古典文献学在当代社会的价值

在全球化的今天，文化自信是一个国家、一个民族发展的重要精神力量。古典文献学通过对中华优秀传统文化的传承和弘扬，增强了国民的文化自信，为中华民族的伟大复兴提供了强大的精神动力。文化创新是文化发展的重要途径。古典文献学在传承和弘扬中华优秀传统文化的同时，也注重文化的创新和发展。通过对古代文献的深入研究和阐释，古典文献学为现代文化的创新提供了丰富的素材和灵感源泉。

中华优秀传统文化中蕴含着丰富的和谐思想，如天人合一、和而不同、以和为贵等。古典文献学通过对这些思想的传承和弘扬，促进了社会和谐与稳定，为构建社会主义和谐社会提供了重要的思想支撑。

三、古典文献学可以为现代社会发展提供历史借鉴

在人类历史的长河中，每一阶段的社会发展都留下了深刻的印记，这些印记不仅以物质形态存在，更以文字、典籍等非物质形式被记录和传承下来。古典文献学作为研究古代文献的专门学科，通过深入挖掘和阐释这些历史文献，不仅揭示了古代社会的风貌与智慧，更为现代社会的发展提供了宝贵的历史借鉴。

（一）古典文献学：历史的镜像与智慧的宝库

古典文献学，简而言之，是研究古代文献的学问。它涵盖了文献的收集、整理、校勘、注释、翻译等多个方面，旨在通过科学的方法还原古代文献的本来面目，揭示其背后的历史背景、文化意义及思想内涵。这些古代文献，无论是经史子集，还是碑刻简牍，都是古人智慧的结晶，是历史长河中遗留下来的宝贵财富。它们如同一面面镜子，映照出古代社会的政治、经济、文化、科技等各个领域的面貌，为我们了解过去、认识现在、预测未来提供了丰富的素材和深刻的启示。

（二）历史借鉴：古典文献学的时代价值

古典文献中蕴含着丰富的政治智慧和治理经验。从《尚书》中的治国理念，到《史记》中的历史教训，再到《资治通鉴》中的治国方略，这些文献不仅记录了古代政治制度的演变，还总结了历代帝王将相的治国经验和得失。对现代社会的治理者来说，这些历史经验具有重要的参考价值。它们可以帮助我们理解政治制度的变迁规律，汲取治国理政的智慧，为构建更加公正、高效、和谐的社会秩序提供有益的借鉴。古典文献中同样不乏关于经济思想和发展策略的论述。从《管子》中的重农抑商政策，到《盐铁论》中的经济辩论，再到《史记·货殖列传》中对商业活动的记述，这些文献反映了古代经济思想的多样性和复杂性。对现代社会的经济发展而言，这些历史经验同样具有指导意义。它们可以帮助我们理解经济发展的内在规律，把握经济发展的时代脉搏，为制定科学合理的发展策略提供有力的支持。

古典文献是中华优秀传统文化的重要载体，它们承载着古代文化的精髓和特质。通过对古典文献的深入研究，我们可以更好地理解中华文化的历史渊源、发展脉络和独特魅力。同时，古典文献也是文明交流的重要媒介。它们记录了古代中国与周边国家及地区的文化交流与互动，为我们了解世界文明的多样性、促进不同文明之间的交流与互鉴提供了宝贵的资料。在现代社会，随着全球化的深入发展，文化传承与文明交流的重要性日益凸显。古典文献学的研究成果不仅有助于我们更好地传承和弘扬中华优秀传统文化，还有助于我们推动构建人类命运共同体，促进世界文化的繁荣与发展。古典文献中蕴含着丰富的社会伦理和道德观念。从儒家思想中的仁爱、礼义、诚信等价值观，到道家思想中的自然、无为、逍遥等哲学理念，再到法家思想中的法治、秩序、公正等治理原则，这些思想观念共同构成了古代社会的道德体系。对现代社会的道德建设而言，这些历史经验具有重要的启示意义。它们可以帮助我们树立正确的道德观念，弘扬社会正气，促进社会的和谐与稳定。同时，古典文献中的道德故事和人物事迹也可以作为道德教育的生动教材，引导人们向善向美，提升全社会的道德水平。

（三）古典文献学在现代社会发展中的应用实践

在现代社会，政策制定和决策咨询需要充分考虑历史因素和文化背景。古典文献学的研究成果可以为政策制定者提供丰富的历史经验和文化智慧，帮助他们更好地理解政策背后的历史脉络和文化内涵，从而制定出更加科学合理、符合实际情况的政策措施。古典文献中的经济思想和发展策略可以为现代社会的经济发展提供有益的借鉴。通过深入研究古代经济的发展模式和产业结构，我们可以发现其中的成功经验和失败教训，为现代社会的产业升级和经济转型提供有力的支持。

古典文献是中华优秀传统文化的重要组成部分，也是文化传承和教育创新的重要资源。通过深入挖掘和阐释古典文献中的文化内涵和教育价值，我们可以推动传统文化的传承与创新，促进教育事业的繁荣发展。同时，古典文献中的历史故事和人物事迹也可以作为教育教学的生动素材，激发学生的学习兴趣和创造力。古典文献中的社会治理经验和公共服务理念可以为现代社会的治理体系和治理能力现代化提供有益的参考。通过借鉴古代社会的治理模式和公共服务方式，我们可以构建更加高效、公正、人性化的社会治理体系，提升公共服务的质量和效率。

第二章 古典文献的分类与整理

第一节 古典文献的分类方法

一、古典文献按内容分类

古典文献作为人类历史文化的瑰宝，承载着丰富的知识与智慧，跨越时空的界限，为我们揭示了古代社会的风貌、思想、艺术及科技成就。这些文献浩如烟海，种类繁多，依据其内容的不同，可以划分为多个类别。

（一）历史类文献：记录过往，启迪未来

历史类文献是古典文献中最为庞大且重要的一类，它们以编年体、纪传体、纪事本末体等多种形式，详细记录了古代社会的政治、经济、军事、文化等各个方面的历史事件与人物事迹。这类文献不仅为我们提供了研究古代历史的第一手资料，还通过历史的镜像，映照出人类社会的发展轨迹与文明演进。

编年体史书以时间为线索，逐年记载历史事件，如《春秋》《左传》等。这类史书通过简洁明了的叙述方式，勾勒出了古代历史的基本框架，为后世学者提供了研究古代历史的重要基础。

纪传体史书则以人物为中心，通过为历史人物立传的方式，展现其生平事迹与思想风貌，如《史记》《汉书》等。这类史书不仅注重历史事件的记述，更强调对人物性格、思想及历史影响的深入挖掘，为我们理解古代社会提供了丰富的视角。

纪事本末体史书则是以事件为中心，详细记述某一重大历史事件的起因、经过、结果及影响，如《通鉴纪事本末》等。这类史书有助于我们深入理解历史事件的全貌及其背后的复杂因素，对于把握历史发展的脉络具有重要意义。

（二）哲学宗教类文献：探索宇宙，寻求真理

哲学宗教类文献是古典文献中探讨人类精神世界与宇宙真理的重要部分。它们以哲学思想、宗教信仰为核心，揭示了古代人们对世界、人生、道德等问题的深刻思考与独特见解。

哲学著作是古典文献中探讨宇宙、人生、知识等问题的重要文献，如《论语》《道德经》《庄子》等。这些著作通过深邃的哲理思考与独特的表达方式，为我们揭示了古代哲学家们对宇宙万物的认识与理解，对于后世哲学思想的发展产生了深远的影响。宗教经典则是古代宗教信仰体系的重要组成部分，如佛教的《大藏经》、道教的《道藏》、基督教的《圣经》等。这些经典不仅包含了宗教信仰的基本教义与仪式规范，还蕴含着丰富的道德伦理与哲学思想，对于塑造古代社会的价值观与道德观具有重要意义。

（三）文学类文献：抒发情感，描绘生活

文学类文献是古典文献中最为生动、多彩的部分，它们以诗歌、散文、小说、戏曲等多种形式，抒发了古代人们的情感与思想，描绘了丰富多彩的社会生活与人文景观。诗歌是古典文学中最具代表性的形式之一，它以精练的语言、优美的韵律和深刻的情感表达，展现了古代人们的内心世界与审美情趣。如《诗经》《楚辞》、唐诗宋词等，都是中国古典诗歌的瑰宝，对后世文学的发展产生了深远的影响。

散文则以自由灵活的形式、流畅自然的语言和深刻的思想内容，展现了古代人们的日常生活与思想感悟。如先秦诸子的散文、唐宋八大家的古文等，都是中国古典散文的杰出代表，它们不仅具有极高的文学价值，还蕴含着丰富的哲学思想与人生智慧。

小说与戏曲则是古典文学中更为通俗、更接地气的形式。它们以生动的故事情节、鲜明的人物形象和丰富的社会背景，描绘了古代社会的百态人生与风土人情。如《三国演义》《水浒传》《西游记》等古典小说以及元杂剧、明清传奇等戏曲作品，都是中国古典文学中的经典之作，深受广大人民群众的喜爱与传颂。

（四）艺术与科技类文献：展现智慧，推动进步

艺术与科技类文献则是古典文献中展现古代人们艺术创造力与科技智慧的重要部分。它们以绘画、书法、建筑、医学、天文等多个领域为内容，揭示了古代人们在艺术与科技方面的卓越成就与独特贡献。艺术文献包括绘画、书法、建筑等领域的经典作品及其相关理论著作。如《历代名画记》《书谱》等书法理论著作以及《营造法式》等建筑典籍都是中国古代艺术文献的杰出代表。这些文献不仅展示了古代人们的艺术才华与审美追求，还为我们研究古代艺术史提供了宝贵的资料与参考。

科技文献则涵盖了古代医学、天文、数学、农学等多个领域的科技成果与理论探索。如《黄帝内经》《伤寒杂病论》等医学典籍以及《周髀算经》《九章算术》等数学著作都是中国古代科技文献的瑰宝。这些文献不仅揭示了古代人们在科技领域的卓越成就，还为我们理解古代科技史提供了重要的线索与依据。

二、古典文献按形式分类

古典文献作为人类历史文化的珍贵遗产，其形式多样、内容丰富。按形式对古典文献进行分类，有助于我们更清晰地理解其载体、编纂方式及传播特点。下面是对古典文献按形式分类的详细探讨。

（一）按载体分类

1. 纸质文献

纸质文献是古典文献中最常见、最广泛传播的一种形式。自造纸术发明并普及以来，纸质文献逐渐成为古代社会记录和传播知识的主要载体。纸质文献包括书籍、卷轴、手稿等多种形式，它们以纸张为介质，通过书写、印刷等方式记录文字、图像等信息。如《史记》《资治通鉴》等历史巨著，以及《诗经》《楚辞》等文学经典，都是以纸质形式流传至今的。

2. 非纸质文献

除了纸质文献外，古典文献还包括非纸质文献，如甲骨文、金文、简牍、帛书等。这些文献的载体各不相同，但同样承载着丰富的历史和文化信息。

甲骨文：甲骨文是中国商代晚期王室用于占卜记事而在龟甲或兽骨上刻的文字，内容多为占卜记录，具有极高的历史价值。

金文：金文是铸刻在青铜器的钟或鼎上的一种文字，通常用于记录重要事件或颂扬先祖功德，是研究古代社会制度、文化的重要资料。

简牍：简牍是古代书写用的竹简和木片，是古代中国书写材料的重要载体之一。简牍上的文字多为手写，内容广泛，包括历史、哲学、文学等多个领域。

帛书：帛书是用丝织品书写或绘制的书籍，因其材质昂贵，故多用于书写重要文献或珍贵资料。如长沙马王堆汉墓出土的帛书，就是古代医学、天文、历法等领域的重要文献。

（二）按编纂方式分类

总集是汇集两人或两人以上作品的合集，按一定的原则和方法编排而成。总集的形式多样，有的按时代编排，有的按体裁分类，有的则兼而有之。如《昭明文选》是一部按文体分类编纂的诗文总集，收录了自先秦至梁代的重要文学作品;《全唐诗》则是一部按时代编排的唐代诗歌总集，收录了唐代诗人的大量诗作。

别集是收集单个作者部分或全部作品的个人作品集。别集按作者分类，便于读者查阅和研究某一作者的作品及其风格特点。如《杜工部集》是唐代伟大诗人杜甫的别集，收录了杜甫的诗歌作品;《东坡乐府》则是北宋文学家苏轼的词集。单行文献是指单独印行的某一位或某几位作者的某一种作品或著作。与别集相比，单行文献更加专注于某一具体作品或著作的传播和保存。如《论语》就是一部单行文献，它记录了孔子及其弟子的言行和思想;《道德经》则是道家经典的单行文献，阐述了老子的哲学思想。

丛书是指收集两种以上的文献，按照一定的编纂目的和编排体例，冠以一个总的书名，用统一的版式和装帧印行的文献类型。丛书具有综合性强、涉及面广的特点，是古典文献中的重要形式之一。如《四库全书》是清代乾隆年间编纂的一部大型丛书，分经、史、子、集四部，收录了古代中国的重要文献;《四部丛刊》则是民国时期出版的一部大型古籍丛书，以影印方式再现了古代文献的原貌。

（三）按传播方式分类

在手抄本时代，古典文献主要依靠手工抄写的方式进行传播和保存。手抄本具有独特的艺术价值和历史价值，因为它们往往由书法家或抄写员精心抄写而成，字迹工整、美观。然而，手抄本也存在数量有限、易损易毁等缺点。随着印刷术的发明和普及，古典文献开始以刻本的形式广泛传播。刻本具有数量多、传播快、保存久等优点，极大地促进了古典文献的保存和传播。如《永乐大典》是明代永乐年间编纂的一部大型类书，采用活字印刷技术印制而成，是中国古代最大的百科全书之一。

影印本是指通过摄影技术将原文献的图像直接复制到纸张或其他介质上的一种复制方式。影印本能够最大限度地保留原文献的原始面貌和细节特征，是现代古籍复制和传播的重要方式之一。如《国家图书馆藏古籍珍本丛刊》就是一部以影印方式出版的古籍丛书，收录了大量珍贵的古籍文献。

（四）按内容分类（简要提及）

虽然题目要求按形式分类，但为了更好地理解古典文献的全貌，简要提及内容分类也是必要的。古典文献按内容可分为经典文献、史籍、子部文献和集部文献等四大类。经典文献包括儒家、道家、佛家等学派的经书;史籍则记录古代历史事件和人物事迹;子部文献涵盖古代文学、哲学、诗歌、赋文等多个领域;集部文献则汇集了各种文学和学术领域的杂志、评论、文论等。

三、古典文献按时间分类

古典文献按时间分类，是梳理人类文明发展脉络、探究历史变迁与文化演进的重要途径。从远古时期的甲骨文、金文，到先秦时期的诸子百家经典，再到秦汉以来的史书、文学著作，直至明清乃至近现代的古籍遗存，古典文献跨越了数千年的时光，见证了人类文明的辉煌与沧桑。下面是对古典文献按时间分类的详细探讨。

（一）远古至先秦时期（约公元前 3000—公元前 221 年）

远古时期，文字尚未形成系统，但人类已经开始通过各种方式记录生活与思想。这一时期的文献主要包括口头传说、图腾符号、岩画等。虽然这些文献形式原始，但它们蕴含着远古人类的生活智慧与原始信仰，是研究史前文化的重要资料。随着考古学的发展，越来越多的远古文献被发掘出来，如中国境内的仰韶文化、红山文化等遗址中的陶器纹饰、玉器图案等，都为我们揭示了远古人类的文化面貌。商代晚期至西周时期，甲骨文和金文的出现标志着中国文字进入成熟阶段。甲骨文是刻在龟甲和兽骨上的文字，主要用于占卜和记事；金文则铸刻在青铜器上，多为铭文，记录着祭祀、战争、册封等重要事件。这些文献不仅为我们提供了研究古代社会制度、宗教信仰、经济生活等方面的珍贵资料，还展示了古代文字的演变历程和书法艺术的发展。

春秋战国时期，中国社会经历了剧烈的变革，思想界也呈现出百家争鸣的繁荣景象。这一时期涌现出了众多杰出的思想家和学派，如儒家、道家、墨家、法家等。他们的著作如《论语》《道德经》《墨子》《韩非子》等，不仅在当时产生了深远的影响，而且对后世的思想文化产生了持久的作用。这些文献以深刻的哲理思考和独特的思想体系，奠定了中国传统文化的基础。

（二）秦汉至隋唐时期（公元前 221—公元 960 年）

秦汉时期，随着中央集权制度的建立和发展，史书编纂成为官方文化事业的重要组成部分。司马迁的《史记》开创了纪传体史书的先河，为后世史书编纂树立了典范。此后，《汉书》《后汉书》《三国志》等史书相继问世，形成了中国历史上第一部完整的纪传体通史——《二十四史》的前身。这些史书不仅记录了丰富的历史事件和人物事迹，还蕴含着深刻的历史思想和史学方法。汉赋、唐诗等文学形式的兴起和发展，标志着中国文学进入了一个繁荣时期。汉赋以华丽的辞藻和宏大的气势著称，如司马相如的《子虚赋》、张衡的《二京赋》等；唐诗则以精练的语言、优美的意境和深邃的情感表达著称，如李白的《将进酒》、杜甫的《春望》等。这些文学作品不仅展现了古代文人的才华与情感世界，还反映了当时社会的风貌和人民的生活状态。

随着佛教的传入和道教的兴起，宗教与哲学文献在这一时期也得到了丰富和发展。佛教经典（如《大藏经》中的《金刚经》《心经》等）被广泛传播和翻译；道教经典（如《道德经》《庄子》等）也被重新诠释和发扬。同时，儒家思想在这一时期也得到了进一步的完善和发展，形成了更为系统的理论体系。这些宗教与哲学文献不仅为古代人民提供了精神寄托和道德准则，还对中国传统文化的形成和发展产生了深远的影响。

（三）宋元明清时期（公元 960—公元 1912 年）

宋元明清时期是中国史学与文献学发展的高峰期。宋代出现了以司马光《资治通鉴》为代表的编年体通史和以郑樵《通志》为代表的纪传体通史；元代则编纂了《元史》等史书；明清两代更是出现了大量官方和私人的史书编纂活动，如《明史》《清史稿》等。同时，文献学也得到了长足的发展，出现了大量的目录学、版本学、校勘学等著作，如《四库全书总目提要》等。这些史学与文献学成果不仅为我们提供了研究古代历史文化的丰富资料，还推动了学术研究的深入发展。宋元明清时期的文学艺术也呈现出创新与繁荣的景象。宋词、元曲、明清小说等文学形式的兴起和发展，为中国文学注入了新的活力。宋词以婉约和豪放两大流派著称，如苏轼的《水调歌头》、李清照的《如梦令》等；元曲则以其独特的音乐性和戏剧性吸引了广大观众；明清小说则以其丰富的故事情节和深刻的社会批判赢得了广泛的读者群体。同时，在绘画、书法、戏曲等领域也出现了众多杰出的艺术家和作品，如宋代的《清明上河图》、明代的《富春山居图》等。

随着商品经济的发展和海外贸易的扩大，宋元明清时期的学术思想也呈现出交流与融合的趋势。一方面，儒家思想在这一时期得到了进一步的巩固和发展，形成了更为系统的理学和心学体系；另一方面，佛教和道教等宗教思想也继续在中国社会中发挥着重要作用，并与儒家思想相互渗透和影响。此外，随着西方文化的传入和近代科学的兴起，一些有识之士开始关注西方学术思想和技术成果，并尝试将其与中国传统文化相结合。这种学术思想的交流与融合不仅促进了中国文化的多元化发展，也为近代中国的思想启蒙和社会变革奠定了基础。

第二节　经史子集的分类体系

一、古典文献经部的构成与特点

古典文献中的经部作为中国传统文化的重要组成部分，承载着丰富的历史、哲学、宗教及政治思想。经部文献的构成与特点，不仅反映了古代学术的繁荣与发展，也为我们理解中国传统文化提供了重要的窗口。下面是对古典文献经部构成与特点的详细探讨。

（一）经部的构成

经部主要由儒家的经典书籍构成，这些书籍在古代被视为至高无上、垂训万世的典籍。儒家经典包括《易》《书》《诗》《礼》《乐》《春秋》等六经，以及后来加入的《孝经》《论语》《孟子》等，形成了所谓的"十三经"。这些经典书籍不仅是儒家学说的核心载体，也是古代士人必读的重要书目。除了儒家经典外，经部还包括小学类书籍。小学，即文字学，主要研究文字的形、音、义及训诂之学。这类书籍如《说文解字》《尔雅》等，对于理解儒家经典中的文字含义、音韵变化及训诂解释具有重要意义。它们不仅是儒家经典学习的基础工具，也是古代文化传承的重要桥梁。

在古典文献的分类体系中，经部往往被进一步细分为多个类目。以《四库全书总目》为例，经部下设总类（类编）、易、书、诗、礼、乐、春秋、孝经、四书、尔雅、群经总义、小学等十二个类目。这种细分不仅有助于对经部文献进行系统的整理与归类，也反映了古代学者对经部文献研究的深入与细致。

（二）经部的特点

经部文献以儒家经典为核心，这些经典书籍蕴含着丰富的哲学思想、伦理道德和政治理念。儒家思想强调仁爱、礼制、中庸之道等，这些思想在古代社会中被广泛传播与实践，对后世产生了深远的影响。经部文献的思想性不仅体现在其理论体系的完整性上，更体现在其对社会实践的指导作用上。儒家经典经过历代学者的阐释与传承，形成了一套完整的理论体系。这一体系包括对宇宙万物的认识、对人生价值的追求、对社会秩序的构建等多个方面。经部文献中的每一部经典都承载着这一理论体系的不同方面，它们相互补充、相互印证，共同构成了儒家思想的完整框架。

儒家经典在表达上往往追求言简意赅、微言大义。这种行文风格不仅体现了古代文人的高超写作技巧，也反映了儒家思想对简洁与深刻的追求。经部文献中的每一句话、每一个字都蕴含着丰富的含义与深刻的哲理，需要读者反复咀嚼、深入思考才能领悟其真谛。经部文献的传承具有悠久的历史和严格的制度。在古代社会，儒家经典被视为士人必修的功课之一，其传承方式主要是通过师徒相授、家学传承等方式进行。同时，政府也通过设立学校、科举考试等方式来推动儒家经典的传播与普及。这种传承有序的特点不仅保证了儒家经典的连续性与稳定性，也促进了儒家思想在社会各阶层的广泛传播与深入影响。

经部文献作为古代学术的瑰宝之一，具有极高的学术价值。它们不仅是研究古代哲学、宗教、法律、政治等方面的重要资料，也是了解古代社会风貌、文化特色的重要途径。同时，经部文献还蕴含着丰富的语言学、文献学、历史学等方面的知识与方法论价值，对于推动相关学科的发展具有重要意义。

二、古典文献史部的构成与特点

古典文献史部作为中国传统文化中极为重要的一部分，其构成与特点不仅反映了古代历史学的发达程度，也为我们理解古代社会、政治、文化等各个方面提供了丰富的资料。下面是对古典文献史部构成与特点的详细探讨。

（一）史部的构成

1. 史部典籍的分类

史部典籍在古典文献中占据了重要地位，其分类体系也经过了长时间的发展和完善。一般来说，史部典籍可以分为多个大类，每个大类下又包含若干小类。以《四库全书总目》为例，史部下设正史类、编年类、纪事本末类、别史类、杂史类、诏令奏议类、传记类、史钞类、载记类、时令类、地理类、职官类、政书类、目录类、史评类等十五个大类。这种分类方法不仅有助于对史部典籍进行系统的整理与归类，也反映了古代学者对史学研究的深入与细致。

2. 各类典籍的代表作品

正史类：主要收录历代的纪传体史书，如《史记》《汉书》《后汉书》等。这些史书以纪传体的形式记录了各个朝代的政治、经济、文化等方面的历史，是了解古代社会变迁的重要资料。

编年类：以时间为线索编排历史事件，如《春秋》《左传》《资治通鉴》等。编年体史书能够清晰地展现历史事件的时间脉络和因果关系，是研究历史发展进程的重要工具。

纪事本末类：以事件为中心，将相关史料按时间顺序编排成书，如《通鉴纪事本末》《左传事纬》等。这种体例有助于读者全面了解某一历史事件的全貌和来龙去脉。

别史类：这是指那些体裁不同于正史但又具有较高史料价值的史书，如《逸周书》《国语》等。别史类典籍往往能够补充正史之不足，为研究者提供更为全面的历史信息。

杂史类：收录那些内容庞杂、体例不一的史书，如《战国策》《汉杂事》等。杂史类典籍虽然体例不一，但往往包含了许多珍贵的史料和独特的见解，是研究古代历史不可或缺的资料。

传记类：主要收录各类人物传记，如《史记》中的列传部分、《汉书》中的《百官公卿表》等。传记类典籍通过记录人物的生平事迹和言行举止，展现了古代社会的风貌和人物的精神风貌。

地理类：主要收录有关地理方面的著作，如《山海经》《水经注》等。地理类典籍不仅记录了古代中国的山川河流、城市乡村等地理信息，还反映了古代人民对自然环境的认识和利用情况。

（二）史部的特点

史部典籍作为记录历史的重要载体，其最大的特点之一就是史料丰富。无论是正史、编年史还是杂史、传记等，都包含了大量的历史信息和珍贵史料。这些史料不仅为我们了解古代社会的政治、经济、文化等方面提供了重要依据，也为后人研究古代历史提供了丰富的资料来源。

史部典籍的体裁非常多样，既有纪传体、编年体等传统体裁，也有纪事本末体、别史体等新型体裁。这种体裁的多样性不仅丰富了史学的表现形式和表现手法，也反映了古代学者对史学研究的不断探索和创新。史部典籍作为学术性很强的文献类型之一，其研究价值不言而喻。无论是对于历史事件的记载和分析还是对于历史人物的评价和塑造，都需要经过深入的学术研究和严谨的考证。因此史部典籍不仅具有很高的史料价值，还具有很强的学术价值。

史部典籍的传承具有悠久的历史和严格的制度。在古代社会史书的编纂和传承往往由政府或官方机构负责，并经过严格的审查和修订，以确保史书的真实性和准确性。同时史书的传承也往往通过师徒相授、家学传承等方式进行，以确保史学的连续性和稳定性。史部典籍作为记录历史的重要载体之一，其内容往往涉及政治、经济、文化等多个方面，能够全面反映古代社会的变迁和发展。通过对史部典籍的研究，我们可以深入了解古代社会的政治制度、经济结构、文化发展等方面的情况，为理解古代社会提供重要的参考依据。

三、古典文献子部的构成与特点

古典文献作为中华文化的瑰宝，承载着丰富的历史、哲学、科学和艺术信息。在古典文献的分类体系中，子部是其中一个重要的组成部分，它涵盖了广泛的知识领域，展现了古代中国学术思想的多元与深邃。

（一）子部的构成

子部作为古典文献分类中的一大类，其构成复杂多样，主要包括儒家、兵家、法家、农家、医家、天文算法、术数、艺术、谱录、杂家、小说家、释家、道家等多个类别。这些类别不仅反映了古代中国学术思想的多样性，也体现了各个时代社会生活的不同面向。

儒家类：儒家文献是子部中的核心部分，主要包括孔子及其弟子的言论集《论语》，以及后世儒家学者的著作如《孟子》《荀子》等。儒家思想强调仁、义、礼、智、信等道德观念，对中国古代政治、教育、文化等方面产生了深远影响。

兵家类：兵家文献主要探讨军事战略、战术及战争理论，如《孙子兵法》《六韬》等。这些文献不仅在中国古代军事史上占有重要地位，也对现代军事理论产生了影响。

法家类：法家文献强调法治和权术，主张以严格的法律来规范社会行为，如《韩非子》等。法家思想在中国古代政治实践中得到了广泛应用，对中国古代社会制度的发展产生了重要影响。

农家类：农家文献主要关注农业生产技术和农业经济问题，如《齐民要术》等。这些文献不仅总结了古代中国农业生产的丰富经验，也为后世农业技术的发展提供了重要参考。

医家类:医家文献涉及中医理论、诊断、治疗及药物学等方面,如《黄帝内经》《伤寒杂病论》等。中医理论博大精深,这些文献对于传承和发展中医文化具有重要意义。

天文算法类:天文算法类文献主要探讨天文现象、历法及数学算法等问题,如《周髀算经》《九章算术》等。这些文献不仅反映了古代中国在天文学和数学领域的成就,也为后世科学研究提供了重要资料。

术数类:术数类文献包括占卜、相术、风水等神秘主义学问的著作,如《周易参同契》《太乙金华宗旨》等。这些文献虽然在现代科学视角下显得神秘莫测,但在古代社会却具有广泛的影响力。

艺术类:艺术类文献涵盖书画、琴谱、篆刻、杂技等艺术门类的著作,如《历代名画记》《广陵散》等。这些文献不仅展示了古代中国艺术的辉煌成就,也为后世艺术创作提供了灵感和借鉴。

谱录类:谱录类文献主要记录各种事物的分类、性质及特征等信息,如《本草纲目》《茶经》等。这些文献对于研究古代中国的物质文化具有重要意义。

杂家类:杂家类文献内容广泛而驳杂,涉及多个学科领域的知识,如《吕氏春秋》《淮南子》等。这些文献虽然看似杂乱无章,却在一定程度上反映了古代中国学术思想的多元性和包容性。

小说家类:小说家类文献主要包括古代小说作品及其评论研究著作,如《三国演义》《水浒传》等。这些作品不仅具有极高的文学价值,也反映了古代中国社会的风土人情和民众心理。

释家类与道家类:释家类文献主要涉及佛教经典及其注释研究著作;道家类文献则主要反映道家思想及其哲学体系如《道德经》《庄子》等。这两类文献对于研究古代中国的宗教文化和哲学思想具有重要意义。

(二)子部的特点

多样性:子部文献涵盖了广泛的知识领域和学术思想体系,从儒家、兵家到医家、艺术等各个方面都有所涉及。这种多样性不仅反映了古代中国学术思想的丰富性,也体现了古代社会生活的多元性。

深刻性:子部文献中的许多著作都具有深刻的哲学思想和学术价值。如儒家文献强调道德修养和人文精神;兵家文献则探讨战争策略和军事理论;医家文献则揭示人体奥秘和疾病治疗之道等。这些思想和理论不仅在当时具有重要的指导意义,也对后世产生了深远的影响。

传承性:子部文献作为古代中国学术文化的重要载体之一,具有极强的传承性。许多经典著作(如《论语》《孙子兵法》等)经过千百年的传承和发展仍然具有强大的生命力。这些著作不仅为后世学者提供了宝贵的研究资料,也激发了无数人的智慧和创造力。

时代性：子部文献的产生和发展与当时的社会历史背景密切相关。不同时代的子部文献反映了不同的社会需求和学术风气。如春秋战国时期的子部文献多关注政治、军事等问题；而唐宋时期的子部文献则更多地关注文化、艺术等领域。这种时代性使得子部文献成为研究古代中国社会历史的重要窗口之一。

创新性：子部文献中的许多著作都体现了作者的创新精神和独特见解。如《孙子兵法》中的战争策略和军事理论至今仍然具有指导意义；《本草纲目》中的药物分类和性味归经等理论也为后世医学发展提供了重要参考。这些创新性的思想和理论不仅推动了古代中国学术文化的发展，也为后世留下了宝贵的文化遗产。

四、古典文献集部的构成与特点

在浩瀚的古典文献海洋中，集部作为其中的一个重要分支，承载着丰富的文学遗产与深邃的文化内涵。集部文献主要收录历代作家的文学作品及文学评论著作，其构成复杂多样、特点鲜明，是研究古代文学、文化和社会的重要资料库。下面将详细探讨古典文献集部的构成与特点。

（一）集部的构成

集部文献的构成主要包括楚辞类、别集类、总集类、诗文评类、词曲类、小说类等几个大类，每一类都有其独特的内涵和丰富的作品。

楚辞是中国古代文学的一种重要体裁，起源于战国时期的楚国，以屈原的作品为代表。楚辞类文献主要收录屈原及其后学的作品，如《楚辞章句》《楚辞补注》等，这些作品以其独特的艺术风格和深厚的文化内涵，成为中国古代文学宝库中的瑰宝。

别集是专门收录单个作家部分或全部作品的集子。在集部文献中，别集类占据了重要的地位。从先秦到明清，历代都有大量的别集问世，如《曹子建集》《李太白集》《杜工部集》等。这些别集不仅记录了作家的生平事迹和创作成就，也反映了不同历史时期的社会风貌和文学风貌。

与别集相对，总集是收录多位作家文学作品的集子。总集可以按照体裁、朝代、地域等多种方式进行分类，如《全唐诗》《全唐文》是按体裁分类的总集；《元曲选》《明文海》是按朝代分类的总集；《文选》《文苑英华》则是收录了多种体裁、多个朝代作品的总集。总集类文献的出现，极大地丰富了古代文学的研究资料，为后人提供了全面了解某一时期或某一领域文学成就的便利。

诗文评类文献主要收录古代文学批评和理论著作，如刘勰的《文心雕龙》、欧阳修的《六一诗话》等。这些著作不仅对古代文学作品进行了深入的剖析和评价，也提出了许多具有创见性的文学理论和批评方法，对后世文学理论的发展产生了深远的影响。

词曲类文献主要收录古代词集、曲集及其相关评论著作。词作为宋代文学的代表体裁之一，其创作和传播达到了前所未有的高度。曲则包括散曲和戏曲两种形式，其中散曲以元代最为繁荣，戏曲则自宋代南戏开始逐步发展成熟。词曲类文献不仅展示了古代词曲艺术的魅力所在，也反映了古代社会生活的丰富多彩。

虽然古人在编纂大型丛书（如《四库全书》）时往往不重视通俗文学如小说等体裁的作品，但随着时间的推移和学术观念的转变，小说类文献也逐渐被纳入集部文献的范畴。如《续修四库全书》就收录了《窦娥冤》《梧桐雨》《三国演义》《石头记》等通俗文学名著。这些小说作品以其生动的故事情节、鲜明的人物形象和深刻的社会意义成为古代文学宝库中的重要组成部分。

（二）集部的特点

集部文献以文学作品为主要收录对象，因此具有鲜明的文学性特点。这些作品以其优美的语言、丰富的情感和深邃的思想内涵成为古代文学宝库中的瑰宝。通过对集部文献的阅读和研究，可以深入了解古代文学的创作特点、艺术风格和审美追求，进而把握古代文学的整体面貌和发展脉络。

集部文献的构成具有多样性特点。它不仅包括楚辞、别集、总集等不同类型的文学作品，还涵盖了诗文评、词曲、小说等多种体裁和形式的作品。这种多样性不仅反映了古代文学创作的繁荣和多元，也为我们提供了全面了解古代文学风貌的便利条件。集部文献中的作品大多具有鲜明的时代性特点。它们不仅记录了当时社会的历史背景和时代风貌，也反映了当时人们的思想观念和文化追求。通过对集部文献的研究，可以深入了解不同历史时期的社会变迁和文化发展，进而把握古代社会的整体面貌和发展趋势。

集部文献作为古代文学研究的重要资料库具有很高的学术价值。它不仅为后人提供了丰富的文学作品和研究资料，也为我们提供了深入了解古代文学理论和批评方法的重要途径。通过对集部文献的深入研究，可以推动古代文学研究的不断深入和发展，进而为现代文学的创作和研究提供有益的借鉴和启示。集部文献作为古代文学遗产的重要组成部分具有很高的传承性特点。这些作品经过千百年的传承和发展至今仍然具有强大的生命力和影响力。它们不仅为后人提供了宝贵的精神财富和文化资源，也为我们传承和弘扬中华优秀传统文化提供了重要的载体和途径。

第三节　古典文献的整理原则

一、整理古典文献的保持原貌原则

在整理古典文献的过程中，保持原貌原则是一项至关重要的基本原则。这一原则不仅关乎文献的历史真实性，还直接影响到后续研究、传承与利用的价值。下面将从保持原貌原则的定义、重要性、实施策略以及面临的挑战等方面进行详细阐述。

（一）保持原貌原则的定义

保持原貌原则，在古籍修复与整理领域，通常被表述为"整旧如旧，保护原貌"。这一原则强调在整理古典文献时，应尽可能保持其原有的物理形态、装帧风格、文字内容及历史信息，避免在整理过程中造成不必要的损伤或改变。具体而言，它要求整理者在修复破损、整理散乱、校勘文字等方面，都应遵循最小干预原则，力求恢复文献的原始状态，而非创造一个新的版本或面貌。

（二）保持原貌原则的重要性

古典文献作为历史文化的载体，其原始形态和内容直接反映了当时的社会风貌、思想观念和科技水平。保持原貌原则有助于维护文献的历史真实性，为后世研究提供可靠的依据。古典文献的整理与传承是中华文化得以延续和发展的重要途径。保持原貌原则能够确保文献在传承过程中不失真、不走样，从而保障文化的连续性和完整性。

对学者而言，古典文献的原始形态和细节往往蕴含着丰富的学术信息。保持原貌原则有助于提升文献的研究价值，使学者能够更准确地把握文献的时代背景、作者意图和学术价值。

（三）实施保持原貌原则的策略

最小干预原则：在整理古典文献时，应尽量减少对文献的干预和改动。对于破损的文献，应采用可逆性的修复方法，以便在将来发现更科学、更适宜的修复技术时能够更换修复材料，回到修复前的原始状态。

尊重原始装帧风格：古典文献的装帧风格往往具有鲜明的时代特色和地域特色。在整理过程中，应尊重文献的原始装帧风格，避免随意更改或破坏。如需修复装帧部分，也应尽量采用与原始装帧风格相符的材料和工艺。

谨慎校勘文字：对于文献中的文字内容，应谨慎进行校勘。在校勘过程中，应充分尊重原文的准确性和完整性，避免随意增删或改动文字。对于存在疑问或争议的文字，应进行深入研究并标注说明，以便后续学者参考。

科学记录与建档：在整理过程中，应科学记录文献的原始状态、破损情况、修复过程及校勘结果等信息，并建立健全的档案管理制度。这些记录不仅有助于后续学者了解文献的整理过程和研究价值，还为文献的再次修复和整理提供了宝贵的参考依据。

二、整理古典文献的系统性原则

在浩瀚的历史长河中，古典文献作为文化传承的重要载体，承载着丰富的历史信息、思想智慧与艺术价值。然而，由于时间的流逝、自然灾害的侵袭以及人为因素的干扰，许多古典文献已变得残破不全，甚至濒临失传。因此，对古典文献进行系统性的整理工作显得尤为重要。

（一）系统性原则的定义

系统性原则在整理古典文献的语境中，指的是一种全面、有序、连贯且相互关联的整理方法。它要求整理者在处理古典文献时，不仅要关注单一文献的完整性，还要注重文献之间的内在联系和整体结构，以确保整理工作的全面性和系统性。具体而言，系统性原则包括以下几个方面的要求：

全面性：确保所整理的文献能够覆盖某一时期、某一领域或某一专题的全部重要文献，不遗漏任何有价值的资料。

有序性：按照一定的逻辑顺序和层次结构进行整理，使文献之间形成清晰的脉络和体系。

连贯性：保持文献内容的连贯性，避免在整理过程中造成信息的断裂或缺失。

关联性：揭示文献之间的内在联系和相互影响，帮助读者更好地理解文献的整体价值和意义。

（二）系统性原则的重要性

维护文献的完整性：系统性原则强调全面收集和整理文献，有助于维护文献的完整性，避免重要信息的遗漏和丢失。

提升整理质量：通过有序、连贯的整理方法，可以确保整理工作的质量，减少错误和疏漏的发生。

促进学术研究：系统性整理后的古典文献为学术研究提供了更加丰富、全面的资料基础，有助于推动学术研究的深入发展。

便于传承与利用：整理后的古典文献更加易于保存、传播和利用，有助于中华优秀传统文化的传承与发展。

（三）实施系统性原则的策略

在整理古典文献之前，首先需要明确整理的目标和范围。这包括确定整理的时间段、地域范围、学科领域或专题方向等。明确的目标和范围有助于整理者有针对性地收集和整理文献，避免盲目性和随意性。

根据整理目标和范围，制订详细的整理计划。计划应包括整理的时间表、人员分工、资源需求、技术路线等方面的内容。详细的整理计划有助于整理者有条不紊地进行工作，确保整理过程的系统性和有序性。

在整理过程中，建立科学的分类体系至关重要。分类体系应根据文献的内容、形式、来源等特征进行划分，确保每一类文献都具有相对独立性和完整性。科学的分类体系有助于读者快速找到所需的文献，提高文献的利用效率。

校勘是整理古典文献的重要环节之一。整理者应对所收集的文献进行全面的校勘工作，包括比对不同版本的文献、纠正讹误、填补缺失等。在校勘过程中，应注重保持文献的原始面貌和历史信息，避免过度干预和修改。同时，对于存在争议的文献内容，应谨慎处理并标注说明。

在整理过程中，应注重文献之间的关联与整合。这包括揭示文献之间的内在联系和相互影响，建立文献之间的引用关系、注释关系等。通过加强文献之间的关联与整合，可以形成更加完整、系统的文献体系，有助于读者更好地理解文献的整体价值和意义。

整理完成后，应编制详细的目录与索引。目录应列出所有整理后的文献及其分类信息；索引则应根据文献的内容特征进行编制，方便读者快速查找相关信息。详细的目录与索引是整理成果的重要组成部分，也是提高文献利用效率的关键手段之一。

三、整理古典文献的准确性原则

在整理古典文献的过程中，准确性原则无疑是至关重要的。它不仅是确保文献内容真实可信的基础，也是传承和发扬中华优秀传统文化的关键所在。

（一）准确性原则的定义

准确性原则在整理古典文献的语境中，指的是在整理过程中应确保所收集的文献内容、信息及注释等各个环节都准确无误，不出现错误、遗漏或误导性的内容。这要求整理者具备扎实的专业知识、严谨的学术态度和高度的责任感，对每一份文献都进行认真细致的核对和验证，以确保整理成果的准确性和可靠性。

（二）准确性原则的重要性

维护文献的真实性：准确性原则的首要任务是维护文献的真实性。古典文献作为历史文化的重要载体，其内容的真实性直接关系到我们对历史文化的理解和认识。因此，在整理过程中必须严格遵循准确性原则，确保文献内容的真实可信。

提升学术研究的可信度：整理后的古典文献往往是学术研究的重要基础资料。如果整理过程中存在错误或疏漏，将会对学术研究产生不良影响，降低研究成果的可信度。因此，遵循准确性原则对于提升学术研究的可信度具有重要意义。

促进文化传承与发展：古典文献中蕴含着丰富的历史文化信息和智慧成果，对于文化传承与发展具有不可估量的价值。通过准确整理古典文献，我们可以更好地挖掘和传承这些宝贵的文化遗产，推动中华优秀传统文化的繁荣发展。

（三）实施准确性原则的策略

在整理古典文献之前，首先需要严格筛选文献来源。应选择那些来源可靠、内容完整的文献作为整理对象，避免使用来源不明或内容残缺的文献。同时，对于不同版本的文献应进行比对和鉴别，选择最为准确和可靠的版本进行整理。

在整理过程中，应认真核对文献内容，确保每一个字、每一个标点都准确无误。对于存在疑问或不确定的内容，应通过多种途径进行查证和核实，避免出现错误或误导性的内容。此外，对于文献中的注释和解释也应进行认真核对和修正，确保其准确性和权威性。

校勘和考证是整理古典文献的重要环节之一。整理者应对所收集的文献进行全面的校勘和考证工作，包括比对不同版本的文献、纠正讹误、填补缺失等。在校勘过程中，应注重保持文献的原始面貌和历史信息，避免过度干预和修改。同时，对于存在争议的文献内容，应谨慎处理并标注说明，以便读者自行判断。

在整理古典文献时，应遵循相关的学术规范和标准。这包括文献的著录格式、注释规范、引用方式等方面的要求。遵循学术规范和标准有助于提高整理成果的规范性和可读性，也有助于学术交流和合作。

随着现代信息技术的发展，数字化、网络化等技术手段在古典文献整理中得到了广泛应用。整理者可以利用这些技术手段进行文献的数字化处理、数据库建设、远程访问服务等工作，提高整理效率和准确性。同时，还可以利用现代信息技术手段进行文献内容的比对和查证工作，进一步确保整理成果的准确性。

四、整理古典文献的可读性原则

在浩瀚的古典文献海洋中，整理工作不仅是对历史文化的传承，更是为了使其精髓能够跨越时空的界限，为当代及后世读者所理解和欣赏。因此，可读性原则成为整理古典文献时不可或缺的重要考量。

（一）可读性原则的定义

可读性原则，简而言之，是指在整理古典文献时，通过一系列方法和手段，使文献内容更加易于读者理解、接受和欣赏。这包括但不限于改善文献的排版布局、优化语言表达、添加必要的注释和解释，以及利用现代技术手段提升阅读体验等方面。可读性原则的核心在于提高文献的亲近感和吸引力，让读者在轻松愉悦的氛围中汲取知识，感受文化的魅力。

（二）可读性原则的重要性

促进文化传承：提高古典文献的可读性，有助于降低阅读门槛，吸引更多读者关注和学习传统文化，从而推动文化的传承与发展。

增强学术研究的活力：可读性强的古典文献能够激发学者的研究兴趣，促进学术交流和合作，为学术研究提供更加丰富和多元的资料基础。

满足公众需求：在快节奏、高压力的现代生活中，公众对于文化产品的需求日益多样化和个性化。提升古典文献的可读性，有助于满足公众对于精神文化生活的需求，提升社会整体的文化素养。

（三）实施可读性原则的策略

合理的排版布局是提升文献可读性的基础。在整理过程中，应注重页面的整体美观和阅读舒适度，合理安排标题、段落、图表等元素的位置和大小，避免过于拥挤或空旷的版面。同时，还应考虑读者的阅读习惯和视觉偏好，选择合适的字体、字号和行间距等，使文献内容更加清晰易读。

古典文献的语言往往具有独特的韵味和风格，但同时也存在晦涩难懂的问题。在整理过程中，可以适当对文献语言进行润色和简化，使其更加贴近现代读者的阅读习惯和理解能力。例如，可以通过替换生僻字词、调整句式结构、增加必要的过渡句等方式，使文献内容更加流畅易懂。同时，还应保持文献的原有韵味和风格，避免过度改编或失去原貌。

注释和解释是帮助读者理解古典文献的重要工具。在整理过程中，应根据文献的难易程度和读者的认知水平，适当添加注释和解释。注释可以包括人名、地名、专有名词等的解释说明；解释则可以对文献中的难点、疑点或重要观点进行深入剖析和阐述。通过添加注释和解释，可以帮助读者更好地理解文献内容，提升阅读体验和收获感。

随着现代信息技术的发展，数字化、网络化等技术手段在古典文献整理中得到了广泛应用。通过数字化处理，可以将古典文献转化为电子文本或多媒体形式，便于读者随时随地进行阅读和学习。同时，还可以利用搜索引擎、数据库等技术手段，为读者提供便捷的检索和查询服务。此外，还可以利用虚拟现实、增强现实等新技术手段，为读者创造更加沉浸式的阅读体验，提升文献的吸引力和感染力。

读者反馈是评估文献可读性的重要依据。在整理过程中，应积极收集读者的意见和建议，了解他们的阅读需求和偏好。通过分析读者反馈，可以及时发现并纠正文献中存在的问题和不足，进一步完善整理工作。同时，还可以根据读者的反馈和需求，不断调整和优化整理策略和方法，以提升文献的整体可读性和吸引力。

第四节　古典文献的校勘方法

一、古典文献的对校法

古典文献的对校法作为古典文献学中最基本且重要的校勘方法之一，其核心在于通过比对同一文献的不同版本或抄本，以发现并记录其中的异同，进而达到校正谬误、恢复文献原貌的目的。下面将对古典文献的对校法进行详细阐述，包括其定义、历史渊源、操作步骤、重要性以及面临的挑战与应对策略。

（一）对校法的定义

对校法又称版本校，是一种通过比对同一文献的不同版本或抄本，以校订文字异同的校勘方法。在整理古典文献时，若存在多个版本或抄本，就需要运用对校法来比对它们之间的差异，并据此判断正误，最终确定一个相对准确可靠的文本。

（二）历史渊源

对校法的历史可以追溯到古代。据《汉书·艺文志》等文献记载，早在汉代，学者们就已经开始运用对校法来整理古籍。随着历史的发展，对校法逐渐完善并形成了系统的理论体系和实践方法。在古代，对校法通常由两人合作进行，一人持本，另一人读书，遇到异文则记录下来，这种方法被称为"雠对"或"雠勘"。

（三）操作步骤

对校法的操作步骤主要包括以下几个方面：

收集版本：首先，需要尽可能全面地收集同一文献的不同版本或抄本。这些版本可能包括祖本、别本、印本、抄本等。

版本鉴定：对收集的版本进行鉴定，确定它们的年代、来源、价值等。这有助于后续的比对和判断。

比对异文：将不同版本或抄本进行比对，逐字逐句地查找异同。对于发现的异文，需要记录下来并标注出处。

判断正误：根据版本的价值和可靠性，结合文献学的知识和经验，对异文进行判断和取舍。一般来说，祖本或早期版本的价值较高，但也需要结合具体情况进行分析。

撰写校勘记：将比对和判断的结果撰写成校勘记，附在文献之后或作为附录。校勘记应详细记录异文的出处、判断依据和取舍理由等。

（四）重要性

对校法在古典文献整理中具有不可替代的作用。首先，它有助于发现和纠正文献中的谬误和错误，提高文献的准确性和可靠性。其次，通过对不同版本的比对和分析，可以揭示文献的流传和演变过程，为学术研究提供重要资料。此外，对校法还有助于保存和传承珍贵的历史文化遗产，为后人留下宝贵的文化财富。

二、古典文献的本校法

古典文献作为中华民族悠久历史与文化的载体，其传承与保护历来受到高度重视。在古典文献的整理与研究中，校勘是一项至关重要的工作，它直接关系到文献内容的准确性与可靠性。本校法作为校勘方法中的一种，以其独特的优势在古典文献的整理过程中发挥着重要作用。

（一）本校法的定义

本校法又称"以本书校本书"，是一种通过对比和分析同一本书内部不同部分之间的文字、内容，以揭示并纠正其中错误的校勘方法。这种方法强调在文献内部寻找证据，通过前后文对照、目录与正文互校、注文与正文相互校对等手段，发现并纠正文献中的谬误。本校法的核心在于"以书证书"，即利用文献自身的内在逻辑和一致性来发现问题，解决问题。

（二）本校法的特点

内部自洽性：本校法强调在文献内部寻找证据，利用文献自身的逻辑和一致性来发现错误。这种方法不依赖于外部资料，具有较高的独立性和自洽性。

操作简便：相对于对校法、他校法等需要借助外部资料的校勘方法，本校法仅需在文献内部进行比对和分析，操作简便，易于实施。

适用范围广：本校法适用于各种类型的古典文献，无论是经史子集，还是诗词歌赋，只要文献内容完整，逻辑清晰，均可采用本校法进行校勘。

辅助性强：虽然本校法能够发现文献内部的许多错误，但由于其依赖于文献自身的完整性和一致性，对于文献中因缺失、损坏等原因导致的错误，则难以单独解决。因此，本校法常与其他校勘方法结合使用，以取得更好的校勘效果。

（三）本校法的应用

目录是文献内容的总览，通过对比目录与正文的内容，可以检查正文是否有遗漏或错置的章节。例如，在整理古籍时，如果发现目录中的某个章节在正文中找不到对应内容，或者正文中的某个章节在目录中未列出，就需要进一步核实并纠正。

注文是对正文内容的解释和补充，通过与正文的比对，可以发现注文中的错误或遗漏。同时，注文也可以为正文中的某些疑难字词提供解释和佐证，有助于理解正文内容。

古典文献中往往存在大量的重复或相似的文字段落，通过前后文对照，可以发现这些段落之间的异同，从而揭示出文献中的错误或遗漏。例如，在《史记》等史书中，常常会发现同一事件在不同章节中的描述存在差异，这时就需要通过前后文对照来判断哪个描述更为准确。

古典文献具有鲜明的文体特征，如诗歌的韵律、散文的结构等。通过分析文献的文体特征，可以发现并纠正其中的错误。例如，在整理诗词时，如果发现某句诗的韵律不和谐或句式不符合规范，就需要进一步核实并修改。

（四）本校法的注意事项

本校法依赖于文献自身的完整性和一致性，因此在进行本校之前，必须确保文献内容的完整无缺。如果文献存在缺失或损坏的情况，就需要先进行补全或修复工作。

古典文献的时代背景对其内容有着重要影响。在进行本校时，必须充分考虑文献所处的时代背景和社会环境，以避免因时代差异而导致的误判。

本校法虽然具有许多优点，但也存在局限性。因此，在进行古典文献的校勘时，应将本校法与其他校勘方法（如对校法、他校法、理校法等）相结合，以取得更好的校勘效果。

在校勘过程中，可能会遇到一些疑似错误的情况。对于这些疑似错误，必须谨慎对待，通过多方查证和比对来确认其是否真正存在。同时，对于无法确认的错误，应保持谨慎态度，避免轻率地修改原文。

三、古典文献的他校法

在古典文献的整理与研究中，校勘是一项核心且复杂的任务，它直接关系到文献内容的真实性与学术价值。在众多校勘方法中，他校法以其独特的优势占据了重要地位。他校法，顾名思义，即利用其他书籍或资料来校勘某一古典文献的方法，通过对比不同来源的信息，揭示并纠正文献中的错误或遗漏。

（一）他校法的定义

他校法又称为"他证法"或"外校法"，是一种利用与待校文献相关的其他书籍、资料或版本，通过对比分析来发现并纠正待校文献中错误的校勘方法。这种方法强调外部证据的重要性，通过广泛搜集和比对相关资料，为文献的校勘提供有力支持。

（二）他校法的特点

外部依赖性：他校法最显著的特点是依赖于外部书籍或资料。这些外部资料可以是同时代的其他文献、后世的注释、抄本、刻本或现代研究成果等。

广泛性与多样性：他校法所依赖的外部资料种类繁多、来源广泛，包括但不限于同时代的史书、笔记、文集，后世的类书、丛书、校勘记等。这种多样性和广泛性为他校法提供了丰富的信息源。

客观性与准确性：通过对比不同来源的信息，他校法能够相对客观地揭示待校文献中的错误或遗漏，提高校勘的准确性。同时，外部资料的多样性也有助于减少单一资料可能带来的偏见或误差。

复杂性与耗时性：由于需要广泛搜集和比对外部资料，他校法的实施过程相对复杂且耗时。这要求校勘者具备扎实的文献学功底、敏锐的洞察力和耐心的态度。

（三）他校法的应用

版本比对是他校法中最为常见和重要的应用之一。通过对比同一文献的不同版本（如宋本、元本、明本、清本等），可以发现各版本之间的差异和错误。这些差异可能是由于抄写、刻印过程中的疏忽或有意篡改造成的。通过版本比对，可以揭示这些错误并恢复文献的原始面貌。

古典文献中常常引用其他书籍或资料的内容。通过比对这些引用内容与其原出处，可以发现待校文献中的错误或遗漏。例如，在《史记》中引用《左传》的内容时，如果两者之间存在差异，就需要进一步核实并纠正。

后世的注释和解读也是他校法的重要资料来源。通过比对注释内容与原文的对应关系，可以发现注释中的错误或遗漏，并据此推断原文的可能面貌。同时，注释中的解释和说明也有助于理解原文中的疑难字词和复杂句式。

类书和丛书是汇集多种文献资料的综合性著作。通过比对类书、丛书中与待校文献相关的内容，可以发现待校文献中的错误或遗漏。这些比对结果不仅有助于校勘工作的开展，还能为学术研究提供新的视角和思路。

（四）实践案例

以《史记》的校勘为例，他校法得到了广泛应用。历代学者在整理《史记》时，广泛搜集了各种版本的《史记》以及与之相关的史书、笔记、类书等资料。通过版本比对、引用比对、注释比对等多种方式，他们发现了《史记》中的许多错误和遗漏，并进行了相应纠正和补充。例如，清代学者梁玉绳在《史记志疑》中，就通过比对不同版本的《史记》和相关史书资料，对《史记》中的许多内容进行了详细的考证和校勘。

（五）他校法的注意事项

在运用他校法时，必须慎重选择外部资料。这些资料应具有权威性和可靠性，以避免引入新的错误或偏见。同时，还需要注意资料的完整性和一致性，以确保比对结果的准确性。

在运用他校法时，应尽可能综合多种外部资料进行对比分析。不同资料之间可能存在差异和矛盾，需要通过综合分析和判断来确定正确的结果。因此，校勘者需要具备扎实的文献学功底和敏锐的洞察力。

在运用他校法时，应尊重原文的原始面貌和作者的原意。对于原文中的错误或遗漏，应通过比对外部资料来揭示和纠正；但对于原文中的独特之处或创新之处，则应予以保留和尊重。

在运用他校法时，应避免过度校改原文。校勘的目的是恢复文献的原始面貌和提高文献的准确性，而不是对原文进行任意的修改或篡改。因此，在校勘过程中应保持谨慎态度，避免轻率地修改原文。

四、古典文献的理校法

在古典文献的整理与研究中，校勘是一项至关重要的工作，它直接关系到文献内容的真实性与学术价值。理校法作为校勘方法中的一种重要手段，以其独特的思维方式和分析方法，在古典文献的校勘过程中发挥着不可替代的作用。

（一）理校法的定义

理校法又称"推理式校勘法"，是校对者运用自己的知识积累、逻辑推理能力，对古典文献中的文字、内容进行分析、推理，从而判断其正误并予以纠正的校勘方法。这种方法不依赖于外部资料或版本比对，而是凭借校对者的主观认识和深厚学识，对文献内容进行深入剖析和判断。

（二）理校法的特点

主观性与知识性：理校法最显著的特点是依赖校对者的主观认识和知识积累。校对者需要运用自己的学识和逻辑推理能力，对文献内容进行深入分析和判断。因此，理校法的准确性和可靠性在很大程度上取决于校对者的学识水平和判断能力。

高妙性与冒险性并存：理校法被认为是校勘方法中的"最高妙者"，因为它能够解决那些无法通过外部资料或版本比对来纠正的难题。然而，这种高妙性也伴随着一定的冒险性。如果校对者没有足够的学识或判断失误，就可能导致新的错误产生。

综合性与复杂性：理校法需要校对者展开联想、推理、判断、识别等一系列复杂的思维活动。这些活动不仅要求校对者具备广博的知识面，还要求其能够灵活运用这些知识来分析和解决问题。因此，理校法是一种综合性强、复杂性高的校勘方法。

（三）理校法的应用

在古典文献中，由于历史变迁和语言文字的演变，许多字词的含义已经发生了变化。因此，在理校过程中，校对者需要运用自己的语言知识，对文献中的字词含义进行推理判断。例如，通过对比同一字词在不同语境下的用法和含义，可以推断出其在特定语境下的确切含义。

古典文献中的文字往往蕴含着丰富的逻辑关系，如因果关系、并列关系、转折关系等。在理校过程中，校对者需要运用自己的逻辑思维能力，对文献中的逻辑关系进行推理判断。通过分析文字之间的逻辑关系，可以揭示出文献中的错误或遗漏，并据此进行纠正。

古典文献往往承载着丰富的文化背景和历史常识。在理校过程中，校对者需要充分运用这些知识和常识，对文献内容进行深入剖析和判断。例如，通过对历史事件的了解和对文化背景的把握，可以推断出文献中某些内容的真实性或可信度。

（四）实践案例

以清代学者段玉裁对《说文解字》的校勘为例，他广泛运用理校法来纠正该书中的错误和遗漏。段玉裁凭借自己深厚的语言文字功底和广博的学识积累，对《说文解字》中的字词含义、逻辑关系及文化背景进行了深入剖析和判断。他通过对比不同版本、引用相关文献、分析语言现象等方式，揭示了该书中的许多错误和遗漏，并进行了相应的纠正和补充。这些成果不仅为后世的《说文》学研究提供了重要参考，也充分展示了理校法在古典文献校勘中的重要作用。

（五）理校法的注意事项

在运用理校法之前，校对者需要充分准备并深入研究相关文献和资料。这包括对文献内容的全面了解、对语言文字的熟练掌握以及对文化背景和历史常识的深入了解。只有做好这些准备工作，才能确保理校工作的顺利进行和取得可靠成果。

理校法依赖于校对者的主观认识和判断能力，因此必须保持谨慎态度并避免臆测。校对者需要运用自己的学识和逻辑推理能力来分析和解决问题，但同时也需要尊重客观事实和历史真相。在判断过程中要充分考虑各种因素并权衡利弊得失，以避免因个人偏见或主观臆断而导致错误产生。

在运用理校法时，校对者还需要多方求证并综合判断。这包括对比不同版本、引用相关文献、参考前人研究成果等方式来验证自己的判断是否正确。通过多方求证和综合判断，可以提高理校工作的准确性和可靠性，并减少错误产生的可能性。

校对者需要保持谦逊的态度并不断学习新知识。校勘工作是一项永无止境的任务，需要不断积累经验和提高能力。校对者应该保持对知识的渴望和对学术的敬畏之心，不断学习和探索新的方法和技巧，以提高自己的校勘水平和能力。

第五节　古典文献的标点与注释

一、古典文献标点的规范与运用

在古典文献的研究与传承中，标点的正确运用不仅是文本解读的基础，更是学术严谨性的体现。标点作为文字的辅助符号，虽不直接构成文献内容，却对理解文意、划分句读、表达语气等方面起着至关重要的作用。

（一）古典文献标点的历史背景

古代中国的文献书写，最初并无现代意义上的标点符号。随着文字的发展和书籍的增多，读者在阅读时逐渐感受到区分句读、明确语气的需要。于是，一些简单的符号开始被用于标注文献，如早期的句读符号"、""。"，以及后来逐渐形成的各种标记语气和结构的符号。然而，这些符号的使用并不统一，且多依赖于读者的个人理解和习惯。

直到近代，随着西方标点符号体系的引入，中国古典文献的标点工作才逐渐走向规范化。现代标点符号体系不仅丰富了表达手段，还大大提高了文献的可读性和学术研究的精确性。

（二）古典文献标点的基本规范

在标点古典文献时，应尽可能尊重历史原貌，避免过度解读或随意添加。对于古代文献中原有的句读符号或类似标记，应予以保留或转化为现代标点，以体现文献的原始形态。

现代标点符号体系虽然源自西方，但在标点古典文献时，应结合汉语特点和文化背景，制定统一的标点规范。这包括标点的种类、形状、位置及使用规则等，以确保不同版本的文献在标点上保持一致。

句读是标点古典文献的核心任务之一。正确的句读有助于读者准确理解文意，避免歧义。在标点时，应根据语境、语法结构和语气等因素，合理划分句子和段落，确保句读清晰明了。

标点符号还具有表达语气的作用。在标点古典文献时，应注意使用适当的标点来体现原文的语气和情感色彩。例如，使用感叹号来强调强烈的感情；使用问号来表示疑问或反问等。

（三）古典文献标点的运用原则

标点的运用应忠实于原文内容和作者意图。不得随意更改原文的句读或语气，以免扭曲文意或误导读者。同时，对于原文中可能存在的错误或模糊之处，应谨慎处理，避免过度解读或主观臆断。

在标点古典文献时，应注重语境分析。通过理解上下文关系、把握文章主旨和作者情感等方式，准确判断句读位置和语气类型。同时，还应注意标点符号之间的搭配和呼应关系，确保整个文本在标点上和谐统一。

古典文献的标点工作具有深厚的学术传统。在运用标点符号时，应尊重前人的研究成果和学术规范。对于已有定论或广泛认可的标点方式，应予以遵循和借鉴；对于存在争议或新的研究成果，则应进行充分论证和审慎处理。

标点的运用既需要遵循一定的原则和规范，又需要根据实际情况进行灵活处理。在遇到特殊句式、复杂语法结构或特殊语气时，应根据具体情况选择合适的标点方式，以确保文意的准确传达和读者阅读的顺畅性。

（四）古典文献标点的实践意义

正确的标点可以显著提高古典文献的可读性。通过合理的句读划分和语气表达，读者可以更加清晰地理解文意和作者意图，减少阅读障碍和误解。

标点作为文献解读的重要工具之一，对于学术研究具有重要意义。通过规范运用标点符号，可以确保学术研究的精确性和严谨性。同时，标点工作也是学术研究的基础环节之一，对于推动古典文献的整理、翻译和研究具有重要意义。

古典文献是中华民族的文化瑰宝之一，承载着丰富的历史信息和文化内涵。通过规范运用标点符号对古典文献进行整理和研究，有助于更好地传承和弘扬中华优秀传统文化遗产。同时，标点工作也是连接古今、沟通中外的桥梁之一，对于促进文化交流和理解具有重要意义。

在标点古典文献的过程中，学者需要不断学习和掌握相关的知识和技能。这不仅包括语言文字学、历史学等方面的知识积累，还包括逻辑思维、分析判断等能力的锻炼和提升。因此，标点工作对于培养学者的学术素养和综合能力具有重要意义。

二、古典文献注释的原则与方法

古典文献注释是古文献学研究中的重要环节，它通过对古籍的解读、解释和补充说明，帮助读者更好地理解和把握文献的内容和意义。在古典文献注释的过程中，需要遵循一定的原则，并运用科学的方法，以确保注释的准确性和权威性。下面是对古典文献注释原则与方法的详细探讨。

（一）古典文献注释的原则

忠实性原则是古典文献注释的首要原则。注释者必须忠实于原文，尊重作者的原意，不得随意篡改或曲解文献内容。在注释过程中，应尽可能保持原文的完整性和准确性，避免主观臆断和过度解读。

精确性原则要求注释者对文献中的每一个词汇、每一个句子都要进行精确的解释和说明。注释内容应准确无误，避免模棱两可或含糊的表述。同时，注释者还需注意区分文献中的不同语境和用法，确保注释的精确性。简洁性原则是古典文献注释的重要原则之一。注释者应以最简洁的语言表达最丰富的信息，避免冗长繁复的表述方式。在注释过程中，应注重语言的精练和准确，避免重复和冗余，以便读者能够快速理解和把握注释内容。

全面性原则要求注释者在注释过程中要全面考虑文献的各种因素，包括时代背景、文化背景、作者意图等。注释内容应尽可能涵盖文献的各个方面，以便读者能够全面了解文献的内涵和价值。同时，注释者还需注意补充相关的历史资料和文化背景信息，以帮助读者更好地理解文献内容。客观性原则要求注释者在注释过程中要保持客观公正的态度，避免主观臆断和偏见。注释内容应基于客观事实和学术研究成果，避免个人情感和主观判断的干扰。同时，注释者还需注意区分文献中的事实和观点，确保注释的客观性。

（二）古典文献注释的方法

词语注释法是对文献中生僻词汇或专有名词进行解释的方法。通过对词语的解释和注释，帮助读者理解文献中的专业术语和文化内涵。在注释过程中，注释者需要查阅相关的辞书、文献等资料，确保注释的准确性和权威性。同时，注释者还需注意区分词语的不同语境和用法，以便准确解释其含义。

句子注释法是对文献中难懂的句子进行解释的方法。通过对复杂句子结构和语法的解析，帮助读者理解文献中的长句短语和语法逻辑。在注释过程中，注释者需要运用语法分析和逻辑推理等方法，对句子进行逐层剖析和解读。同时，注释者还需注意保留原文的句式和语气特点，以便读者能够感受到原文的韵味和风格。背景注释法是对文献中历史背景进行解释的方法。通过对当时的历史事件、社会环境和文化背景的介绍，帮助读者理解文献中的史料和事件。在注释过程中，注释者需要查阅相关的历史文献和研究成果，确保背景信息的准确性和权威性。同时，注释者还需注意将背景信息与文献内容紧密结合起来，以便读者能够更好地理解文献的内涵和价值。

引用注释法是对文献中引用他人观点或文献的部分进行解释的方法。通过对引用内容的解析和解释，帮助读者理解文献中引用部分的来源和意义。在注释过程中，注释者需要注明引用的出处和作者信息，以便读者能够进一步查阅相关资料。同时，注释者还需对引用内容进行适当的评价和分析，以便读者能够更好地理解其价值和意义。综合注释法是将上述几种注释方法综合运用起来进行注释的方法。在注释过程中，注释者需要根据文献的具体内容和需要选择合适的注释方法，并进行综合运用。通过综合运用不同的注释方法，可以更加全面、深入地揭示文献的内涵和价值，提高注释的质量和效果。

（三）古典文献注释的注意事项

古典文献注释是一项严肃的学术工作，需要注释者具备扎实的学术功底和严谨的治学态度。在注释过程中，注释者应尽可能遵循学术规范和标准，确保注释的准确性和权威性。同时，注释者还需关注学术前沿和研究成果动态，及时更新和完善注释内容。

尊重原文是古典文献注释的基本原则之一。注释者在注释过程中应尽可能保持原文的完整性和准确性，避免对原文进行随意修改或删减。同时，注释者还需注意区分原文中的不同语境和用法，以便准确解释其含义和用法。古典文献注释是一项细致入微的工作。注释者在注释过程中应注重细节处理，确保注释内容的准确性和完整性。同时，注释者还需注意标注清楚注释的出处和作者信息等信息元素，以便读者能够进一步查阅相关资料和了解注释背景信息。

在古典文献注释过程中，注释者应避免主观臆断和偏见干扰注释工作。注释者应尽可能保持客观公正的态度和立场，在注释过程中依据客观事实和学术研究成果进行解释和说明。同时，注释者还需注意区分文献中的事实和观点等不同类型的信息元素，以便准确地进行注释工作。古典文献注释的最终目的是更好地服务于学术研究和文化传播等实践应用工作。因此，在注释过程中注释者应注重实践应用价值的挖掘和体现。通过注释工作帮助读者更好地理解文献内容、掌握相关知识、提高文化素养等方面的实践应用能力水平。

三、古典文献注释的体式与风格

古典文献注释作为古文献学研究的重要组成部分，其体式与风格不仅反映了注释者的学术素养和治学态度，也深刻影响着读者对古典文献的理解和接受。

（一）古典文献注释的体式分类

古典文献注释的体式多样，根据不同的分类标准，可以划分为多种类型。以下是根据注释内容和方法的不同，对古典文献注释体式进行的分类：

传注体是中国古代儒家典籍注释的一种重要体式，以解释文献词句意义为主。传注体一般随古书正文刊行，附于相应的原文之后，是对古书原文的直接解释和说明。如《毛诗诂训传》就是典型的传注体注释，它对《诗经》中的词句进行了详尽的解释和训诂。

义疏体是既释经文又兼释注文的一种注释体式。义疏，即疏通其义的意思，可以省称为"疏"。它不仅注释古书正文，还往往给前人的注释作注（二次注解）。义疏体注释内容丰富，解释详尽，有助于读者深入理解古文献的内涵。如皇侃的《论语义疏》就是义疏体注释的代表作之一。

集解体是汇聚诸家注释的一种体式。它不同于传注体和义疏体，而是将不同学者的注释汇集起来，进行选择和整理，形成一部综合性的注释著作。集解体注释有助于读者全面了解不同学者对同一文献的不同理解和解释，从而拓宽学术视野。如何晏的《论语集解》就是集解体注释的典范之作。

章句体注释不仅解释词义，还串讲句意、分析句法、说明文章结构等。它注重对文献内容的整体把握和深入分析，有助于读者更好地理解和把握文献的主旨和脉络。章句体注释在汉代尤为盛行，如赵岐的《孟子章句》就是其中的杰出代表。

译注体是现代学者为了方便现代人阅读古籍而采用的一种注释体式。它用现代汉语对古籍进行注释和翻译，将古文转换为现代白话文，大大降低了阅读难度。译注体注释不仅保留了古籍的原貌和韵味，还使现代人能够轻松阅读和理解古典文献。如杨伯峻先生的《论语译注》和《孟子译注》就是译注体注释的精品之作。

（二）古典文献注释的风格特点

古典文献注释的风格因时代、学者和注释对象的不同而呈现出多样化的特点。以下是一些普遍存在的风格特点：

古典文献注释要求严谨性，注释者必须遵循学术规范和标准，确保注释内容的准确无误。在注释过程中，注释者需要查阅大量相关资料和研究成果，进行反复推敲和验证，以确保注释的权威性和可信度。

注释语言应简洁明了，避免冗长和繁复。注释者应尽可能用简短的语言表达清晰的意思，以便读者能够快速理解和把握注释内容。同时，注释者还需注意避免重复和冗余的表述方式，以保持注释的精练和准确。

注释者在注释过程中应保持客观公正的态度和立场，避免主观臆断和偏见的影响。注释内容应基于客观事实和学术研究成果进行解释和说明，避免个人情感和主观判断的干扰。同时，注释者还需注意区分文献中的事实和观点等不同类型的信息元素，以便准确地进行注释工作。

古典文献注释具有继承性特点。不同时代的学者在注释古籍时都会借鉴前人的研究成果和注释方法并在此基础上进行创新和发展。这种继承性不仅有助于保持学术研究的连续性和稳定性，还有助于推动学术研究的不断进步和发展。

由于注释对象和注释目的的不同以及注释者学术背景和治学风格的差异等原因，古典文献注释呈现出多样化的特点。不同学者对同一文献的注释可能存在差异甚至相互矛盾，但这种多样性正是学术研究的魅力和活力所在。

（三）影响古典文献注释体式与风格的因素

古典文献注释的体式与风格受到多种因素的影响，主要包括以下几个方面：

不同时代的学者在注释古籍时会受到当时社会、政治、文化等背景的影响，从而在注释体式和风格上呈现出不同的特点。如唐代为了适应政治上大统一的需要对之前的各类注疏进行整理编出统一的经书注释，形成了《五经正义》等具有时代特色的注释著作。

学术传统是影响古典文献注释体式与风格的重要因素之一。不同学派和学术流派在注释古籍时会遵循不同的学术传统和注释方法，从而在注释体式和风格上呈现出各自的特点和风格。

注释目的的不同也会影响古典文献注释的体式与风格。有的注释者注重解释词义和句意帮助读者理解文献内容；有的注释者注重分析文献的思想内涵和学术价值为读者提供深入的思考和启发；还有的注释者注重将古籍翻译为现代白话文以方便现代人阅读和理解。

注释者个人的学术素养、治学态度和风格偏好等也会对古典文献注释的体式与风格产生影响。不同学者在注释古籍时会根据自己的学术背景和治学风格选择适合自己的注释体式和风格，从而形成了各具特色的注释著作。

四、古典文献注释的准确性与深度

古典文献注释作为连接古代智慧与现代理解的桥梁，其准确性与深度直接关系到文献价值的传承与挖掘。在浩瀚的古典文献海洋中，注释者需以严谨的态度、深厚的学养，对古籍进行精准的解读与深入的剖析，以期达到既忠于原文又超越原文的境界。

（一）古典文献注释的准确性

准确性是古典文献注释的生命线，它要求注释者必须准确无误地传达原文的信息，避免任何形式的误解或曲解。准确性的实现，依赖于以下几个方面的努力：

注释者需具备扎实的古典文献基础，对所要注释的文献有全面而深入的了解。这包括文献的版本、作者、成书背景、历史地位等基本信息，以及文献内部的语言特点、思想内容、结构体系等深层次内容。只有在此基础上，注释者才能准确把握文献的核心要义，为注释工作打下坚实的基础。

严谨的治学态度是确保注释准确性的关键。注释者需秉持实事求是的原则，对文献中的每一个字词、每一句话都进行仔细推敲和反复验证。在注释过程中，应广泛查阅相关资料和研究成果，进行多方面的比对和分析，确保注释内容的准确无误。同时，注释者还需保持谦逊谨慎的态度，对于不确定或有疑问的地方，应如实标注并留待后续研究。

科学的注释方法是实现注释准确性的重要手段。注释者应根据文献的特点和注释的需要，选择合适的注释方法和体式。例如，对于生僻字词可采用直译加意译的方式；对于复杂句式可采用分段解析的方法；对于历史典故则需注明出处并简要介绍背景等。通过科学的注释方法，可以更加清晰、准确地传达原文的信息和意图。

尊重原文是注释准确性的基本要求。注释者需尊重原文的语言表达和思想内容，不得随意篡改或歪曲原文的意思。同时，注释者还需遵循学术规范和道德准则，确保注释内容的客观性和公正性。在注释过程中应避免主观臆断和偏见的影响，以客观的态度和科学的方法对待每一个注释点。

（二）古典文献注释的深度

深度是古典文献注释的价值所在，它要求注释者不仅要准确传达原文的信息，还要深入挖掘文献的深层含义和内在价值。深度的实现，需要注释者具备以下几个方面的能力：

深厚的学术素养是注释深度的源泉。注释者需具备广博的知识面和深厚的学术功底，能够运用多学科的知识和方法对文献进行深入的剖析和解读。例如，在注释文学作品时，注释者需具备文学理论、文学史、文化学等多方面的知识；在注释哲学著作时，则需具备哲学思想史、逻辑学等方面的素养。通过综合运用多学科的知识和方法，可以更加全面、深入地挖掘文献的深层含义和价值。

敏锐的学术洞察力是注释深度的关键。注释者需具备敏锐的学术敏感度和深刻的思考能力，能够发现并解读文献中隐藏的思想内涵和学术价值。在注释过程中，注释者需善于捕捉文献中的关键词汇和关键句段，通过深入分析和挖掘这些关键要素背后的深层含义和逻辑关系，揭示文献的深层思想和学术价值。

创新的学术思维是推动注释深度发展的重要动力。注释者需具备勇于探索、敢于创新的精神品质，能够在尊重原文的基础上提出新的见解和观点。在注释过程中，注释者不应满足于传统的注释方法和观点，而应积极尝试新的注释方法和视角，以期发现新的学术问题和研究领域。通过创新的学术思维可以不断拓展注释的深度和广度推动学术研究的不断进步和发展。

跨文化的视野是注释深度的重要补充。古典文献往往蕴含着丰富的文化内涵和历史背景，这些内涵和背景往往与注释者的文化背景和知识体系密切相关。因此注释者需具备跨文化的视野和跨文化的能力，能够站在不同的文化角度和立场上审视和理解文献的内容和价值。通过跨文化的视野可以更加全面、深入地理解文献的文化内涵和历史背景，进而挖掘出文献的深层价值和意义。

（三）准确性与深度的关系

准确性与深度是古典文献注释不可或缺的两个方面，它们相互依存、相互促进。准确性是深度的基础，没有准确性的保障就无法实现注释的深度挖掘；而深度则是准确性的升华和拓展，通过深入挖掘文献的深层含义和价值可以进一步验证和提升注释的准确性。因此，在古典文献注释过程中，注释者需同时注重准确性与深度的实现，努力做到既准确又深入，以更好地传承和挖掘古典文献的价值。

总之，古典文献注释的准确性与深度是衡量注释质量高低的重要标准。注释者需以严谨的态度、深厚的学养和创新的思维投入到注释工作中，努力实现注释的准确性与深度，为学术研究和文化传播等实践应用工作提供有力支持。

第六节　古典文献的编纂与出版

一、古典文献编纂的规划与组织

古典文献编纂作为文化传承与学术研究的重要基石，其规划与组织工作不仅关乎历史知识的系统整理，更是对传统文化精髓的深入挖掘与弘扬。这一过程既需要深厚的学术功底，又需具备科学的组织管理与创新思维。下面是对古典文献编纂规划与组织的一次深入探讨，旨在从理论框架、实施步骤、团队建设、技术应用及成果传播等方面进行全面阐述。

（一）概述

古典文献作为人类历史长河中璀璨的文化遗产，承载着先人的智慧与文明成果。编纂古典文献，不仅是对过往的回顾与总结，更是为后世提供学习与借鉴的宝贵资源。因此，科学合理的规划与组织对于确保编纂工作的顺利进行及成果的质量至关重要。

（二）理论框架与指导原则

首先，需明确编纂古典文献的目的，如是为了学术研究、文化传承、教育普及还是社会服务等。同时，界定编纂的范围，包括时间跨度（如先秦、两汉、唐宋等）、文献类型（如经史子集、碑刻墓志、简帛文书等）及地域特色等，以确保工作的针对性和有效性。

编纂过程中应严格遵守学术诚信原则，确保文献来源的可靠性、内容的准确性及注释的规范性。同时，参考国内外相关领域的编纂标准与规范，如《古籍整理出版规范》《二十四史及清史稿修订工程编纂手册》等，为编纂工作提供科学的指导。

（三）实施步骤

1. 文献搜集与整理

广泛搜集：利用图书馆、档案馆、博物馆及网络资源等多种渠道，全面搜集目标范围内的古典文献。

鉴定真伪：通过版本比对、专家鉴定等方式，确保所搜集文献的真实性与价值。

分类整理：根据文献类型、内容主题等进行分类整理，为后续编纂工作打下基础。

2. 文献校勘与标点

精心校勘：运用校勘学原理，对文献进行细致的校勘工作，纠正错讹，恢复文献原貌。

准确标点：根据文献的文体特点与语境，合理添加标点符号，便于读者阅读理解。

3. 注释与翻译

详尽注释：对文献中的生僻字词、典故、制度等进行详细注释，帮助读者理解文献深层含义。

准确翻译（如需）：对于非汉语文献或需面向国际传播的文献，进行准确流畅的翻译工作。

4. 编排与审定

科学编排：根据编纂目的与要求，设计合理的编排体系，如按时间顺序、主题分类或体裁分类等。

严格审定：组织专家团队对编纂成果进行多轮审定，确保内容无误、体例统一。

（四）团队建设与管理

1. 组建专业团队

吸纳历史学、文献学、语言学等多学科背景的专家学者，形成跨学科的研究团队。

配备专业的编辑、校对人员，确保编纂工作的质量与效率。

2. 强化团队协作

建立有效的沟通机制，定期召开项目会议，分享研究进展，协调解决遇到的问题。明确团队成员的职责分工，确保各环节工作有序进行。

3. 注重人才培养

通过培训、交流等方式，提升团队成员的专业素养与综合能力。

鼓励团队成员参与国内外学术交流与合作，拓宽视野，激发创新思维。

（五）技术应用与创新

1. 数字化技术的应用

利用数字化技术，对古典文献进行数字化处理，建立数据库与检索系统，提高文献的利用效率与传播范围。

采用 OCR（光学字符识别）技术，实现古籍文献的自动录入与校对，减轻人工负担。

2. 多媒体融合

结合音频、视频、动画等多媒体形式，丰富文献的表现手法与传播渠道，提升公众对古典文化的兴趣与认知。

开发在线学习平台与互动应用，为学习者提供便捷的学习资源与互动体验。

（六）成果传播与影响

1. 出版发行

选择具有影响力的出版社合作，出版高质量的编纂成果，确保其在学术界与公众中的广泛传播。

探索多元化发行渠道，如书店、电商平台、数字图书馆等，满足不同读者的需求。

2. 学术交流与合作

举办学术研讨会、讲座等活动，邀请国内外专家学者参与交流，推动古典文献编纂研究的深入发展。

加强与国际学术机构的合作与交流，共同推动古典文化的传承与发展。

3. 社会普及与教育

开展古典文献进校园、进社区等活动，普及古典文化知识，提高公众的文化素养与民族自豪感。

将编纂成果融入教育体系，作为教材或参考书目，为青少年提供优质的传统文化教育资源。

（七）持续评估与反馈

1. 成果评估

定期对编纂成果进行评估，包括学术价值、社会影响、读者反馈等多个维度，以科学的方法衡量编纂工作的成效。

设立专门的评估机制,邀请外部专家进行独立评审,确保评估结果的客观性和公正性。

2.反馈收集与改进

建立健全的反馈机制,通过问卷调查、读者来信、社交媒体等多种渠道收集用户反馈。

对反馈信息进行深入分析,识别编纂工作中存在的问题与不足,及时调整工作策略,优化编纂流程。

鼓励团队成员积极参与反馈讨论,共同探讨改进措施,推动编纂工作的持续改进与创新。

二、古典文献出版的形式与渠道

古典文献的出版形式与渠道作为文化传承与学术研究的重要环节,历经千年发展,形成了丰富多样的出版形态与广泛的传播路径。下面是对古典文献出版形式与渠道的详细探讨。

(一)古典文献的出版形式

抄本是古典文献学中最古老、最基本的版本形式。在古代,由于印刷技术尚未普及,文献的流传主要依靠抄写。抄本不仅具有独特的书法价值和版本价值,还是研究古代文献的重要资料。抄写者多为文人学士或书坊工匠,他们通过手工抄写,将文献内容以文字形式记录下来,以供后人研读。抄本在传播过程中,往往因抄写者的不同而产生差异,形成了不同的版本系统。

随着印刷技术的发展,刻本逐渐取代了抄本成为文献传播的主要形式。刻本按照刻印时期和地域的不同,又可分为宋本、元本、明本、清本等。其中,宋本因其刻印精美、校勘严谨而备受推崇。刻本的出现,大大提高了文献的传播速度和效率,使得更多的人能够接触到古代文献。刻本的制作过程包括选纸、刻版、印刷等多个环节,需要耗费大量的人力、物力和财力。活字本是在雕版印刷的基础上发展而来的。它采用活字排版,可以重复使用,大大提高了印刷效率。活字本在明清时期较为流行,如著名的《四库全书》就是采用活字印刷的。活字本的出现,进一步推动了古典文献的传播和普及。

石印本是一种利用石版印刷的文献版本。它采用化学药品将文字或图像转印到石版上,再用油墨印刷。石印本具有印刷速度快、成本低廉的特点,在近代文献传播中发挥了重要作用。然而,由于石印本的印刷质量相对较差,且容易磨损,因此在现代文献出版中已较少使用。影印本是通过照相技术将原书影印而成的版本。它忠实地再现了原书的面貌，包括字体、版式、插图等，是研究古代文献的重要参考资料。影印本的出现，使得古典文献的保存和传播更加便捷和高效。

（二）古典文献的出版渠道

在古代，官府是古典文献出版的重要渠道之一。官府出版主要侧重于经典文献、史书、法典等官方文献的编纂和出版。这些文献往往由朝廷组织文人学士进行编纂，并由官府出资刻印发行。官府出版的文献具有权威性和规范性，对于维护统治秩序、传承文化传统具有重要意义。例如，《永乐大典》《四库全书》等大型典籍的编纂和出版，都是由官府主导的。

除了官府出版外，私人出版也是古典文献出版的重要渠道之一。私人出版主要由文人学士、藏书家或书坊商人等个人或团体进行。他们通过自费或集资的方式，对古典文献进行编纂、刻印和发行。私人出版的文献种类繁多，包括诗词歌赋、笔记小说、戏曲剧本等。这些文献往往具有较高的学术价值和艺术价值，对于丰富古代文化宝库具有重要意义。例如，明代李时珍的《本草纲目》就是由他的长子李建中出资刻印出版的。书院是古代教育机构之一，也是古典文献出版的重要渠道之一。书院往往拥有自己的藏书楼和刻书坊，可以编纂和出版自己的教材和教学用书。书院出版的文献主要面向学生群体，旨在传授知识和培养人才。书院出版的文献在内容和形式上往往具有鲜明的教育特色和教学价值。

在古代，寺院也是古典文献出版的重要场所之一。寺院往往拥有丰富的藏书和刻书资源，可以编纂和出版佛经、道藏等宗教文献。寺院出版的文献不仅供僧侣们研读修行之用，还向信徒和民众传播宗教思想和道德观念。寺院出版的文献在宗教文化传播和社会教化方面发挥了重要作用。随着商品经济的发展和市场的繁荣，商业化出版逐渐成为古典文献出版的重要渠道之一。商业化出版主要由书坊商人或出版商进行，他们通过市场调研和读者需求分析，选择具有市场需求和经济效益的文献进行编纂和出版。商业化出版的文献种类繁多、内容丰富，包括小说、戏曲、诗词歌赋等各种类型的文学作品以及历史、地理、科技等方面的学术著作。商业化出版的出现，推动了古典文献的广泛传播和普及。

四、古典文献出版的质量与管理

古典文献的出版质量与管理是确保古代文化遗产得以准确传承与广泛传播的关键环节。这一领域涉及文献的搜集、整理、校勘、编辑、出版等多个方面，要求出版者具备深厚的学术功底、严谨的治学态度以及科学的管理方法。下面是对古典文献出版质量与管理的详细探讨。

（一）古典文献出版质量的重要性

古典文献作为中华民族悠久历史文化的重要载体，其出版质量直接关系到文化传承的准确性和有效性。高质量的古典文献出版，不仅能够为学术研究提供可靠的基础资料，还能够促进文化知识的普及与传播，增强民族文化自信。因此，加强古典文献出版质量管理，是出版界和文化界的共同责任。

（二）古典文献出版质量的保障措施

高质量的古典文献出版离不开一支专业素质良好的编辑出版队伍。这支队伍应具备扎实的古典文献学功底、丰富的编辑出版经验及严谨的治学态度。他们需要对文献进行深入的搜集、整理、校勘和编辑工作，确保出版物的准确性和权威性。此外，团队内部还应建立有效的沟通机制，确保各环节之间的紧密衔接和协同合作。校勘与编辑是古典文献出版过程中的关键环节。校勘工作需要对文献进行细致的比对和考证，纠正错讹、补全脱文、删除衍文等，以恢复文献的原貌。编辑工作则需要在校勘的基础上，对文献进行系统的编排和整理，使其更加符合现代读者的阅读习惯。在这一过程中，需要遵循古籍整理工作的自身规律和要求，从古籍自身的特点出发，采取不同的整理方式以达到最佳的整理效果。

在古典文献出版领域实施精品战略，是提高出版质量的重要手段。出版单位应精心策划选题，选择具有学术价值、文化价值和市场需求的文献进行出版。同时，应注重出版物的装帧设计和印刷质量，提升读者的阅读体验。此外，还应加大对出版物的宣传推广力度，扩大其市场占有率。版权保护是古典文献出版过程中的重要环节。出版单位应尊重原作者的著作权和出版者的版权利益，确保出版物的合法性和正当性。在出版过程中，应严格遵守国家相关法律法规和出版行业规范，杜绝盗版和侵权行为的发生。同时，还应积极维护自身的版权利益，加大对侵权行为的打击力度。

（三）古典文献出版管理的完善路径

出版单位应建立健全古典文献出版管理制度，明确各环节的职责和流程。这包括选题论证制度、编辑校对制度、审读审批制度及版权保护制度等。通过完善管理制度，可以确保出版工作的规范化和制度化运行，提高出版效率和质量。项目管理是古典文献出版过程中的重要环节。出版单位应对每个出版项目进行精细化管理，包括项目策划、进度控制、质量控制及成本控制等方面。通过加强项目管理，可以确保出版项目的顺利进行和高质量完成。

专家评审机制是保障古典文献出版质量的重要手段。出版单位可以邀请相关领域的专家学者对出版物进行评审和鉴定，以确保其学术价值和出版质量。通过引入专家评审机制，可以提高出版物的权威性和可信度，增强读者的信任感和认同感。随着信息技术的不断发展，数字化出版已成为古典文献出版的重要趋势。数字化出版具有传播速度快、覆盖范围广、便于检索和保存等优点，能够极大地提高古典文献的利用率和传播效果。因此，出版单位应积极推动数字化出版工作，将传统纸质出版物转化为数字化产品，并探索多种形式的数字化传播方式（如电子书、在线数据库等）以满足不同读者的需求。

第三章　古典文献的检索与利用

第一节　古典文献的检索工具

一、古典文献的传统检索工具概述

古典文献的传统检索工具作为学术研究与文化传承的重要辅助手段，历经数百年发展，形成了丰富多样的形式与功能。这些工具不仅帮助学者快速定位所需文献，还促进了古典文献的整理与传播。下面是对古典文献传统检索工具的详细概述。

（一）索引

索引是古典文献传统检索工具中最基本也是最重要的一种。它通过对文献中的字、词、句、篇目等进行系统编排，形成便于检索的目录或指引。索引的出现极大地提高了文献检索的效率，使得学者能够迅速找到所需信息。索引的概念在我国古代早有萌芽，如明代张士佩所编的《洪武正韵玉键》，便是我国最早的索引之一。该书分类检索《洪武正韵》所收各字，为学者提供了极大的便利。到了明末，傅山编的《两汉书姓名韵》则开创了我国人名索引的先河。现代意义上的索引，则始于20世纪初，随着西方学术思想的传入，索引的编纂与研究逐渐受到重视。

索引的种类繁多，根据编纂体式的不同，可分为逐字索引、句子索引、关键词索引、书名索引、篇目索引、人名索引和地名索引等。这些索引各自具有不同的功能，如逐字索引便于学者按字查找文献，人名索引则有助于追踪历史人物的相关记载。此外，索引还可根据文献来源划分为图书索引和报刊索引等，根据内容划分为综合性索引、专科性索引和专题索引等，以满足不同学者的需求。

（二）目录

目录是另一种重要的古典文献传统检索工具。它通过对文献进行分类编排，形成系统化的书目体系，便于学者了解某一领域或某一时期文献的概况和分布情况。目录学的历史可以追溯到先秦时期,《汉书·艺文志》是我国现存最早的目录学著作。此后,历代学者不断对目录学进行研究和发展,形成了丰富的目录学理论和编纂实践。

目录的种类繁多,按照不同的分类标准可划分为多种类型。如按照收录范围可分为综合目录和专科目录;按照编纂体例可分为解题目录和简目等。这些目录各具特色,共同构成了我国古典文献目录体系。目录的主要功能包括揭示文献内容、指导阅读研究、反映学术源流和提供文献线索等。通过查阅目录,学者可以了解某一领域或某一时期文献的概况和分布情况,进而选择适合自己的研究方向和资料。

(三)辞书

辞书是古典文献传统检索工具中不可或缺的一部分。它通过对词汇进行解释和辨析,帮助学者准确理解文献中的字词含义和用法。

我国辞书编纂历史悠久,最早的辞书可以追溯到先秦时期的《尔雅》。《尔雅》作为我国第一部词典性质的著作,对后世辞书的编纂产生了深远的影响。此后,历代学者不断对辞书进行编纂和修订,形成了丰富的辞书体系。辞书的种类繁多,按照不同的分类标准可划分为多种类型。如按照收录范围可分为综合性辞书和专科性辞书;按照编纂体例可分为字典和词典等。这些辞书各具特色,共同构成了我国古典文献辞书体系。辞书的主要功能包括解释字词含义、辨析词义差异、提供词语用法和例句等。通过查阅辞书,学者可以准确理解文献中的字词含义和用法,避免因误解而产生的学术偏差。

(四)其他传统检索工具

除了索引、目录和辞书外,还有一些其他传统的古典文献检索工具也值得一提。

类书是我国古代一种特殊的文献编纂形式,它将各种文献资料按照一定的分类标准进行编排和摘录,形成便于查阅的资料汇编。类书如《永乐大典》《古今图书集成》等,不仅内容丰富、资料翔实,而且分类清晰、便于检索,是学者研究古典文献的重要参考工具。汇编是将同一主题或同一类型的文献资料进行汇集整理而成的著作;集注则是对某一文献进行注释和解析的著作。这些作品通过对文献的整理和注释,为学者提供了更加全面和深入的理解视角,有助于他们更好地把握文献的精髓和内涵。

二、古典文献的现代检索工具介绍

古典文献的现代检索工具,随着信息技术的飞速发展和互联网的普及,已经发生了翻天覆地的变化。这些现代检索工具不仅继承了传统检索工具的优点,还融入了先进的技术手段,使得古典文献的检索更加高效、便捷和全面。下面是对古典文献现代检索工具的详细介绍。

（一）数据库系统

数据库系统是古典文献现代检索中最重要的一类工具。它们通过将海量的古典文献数字化，并存储在计算机数据库中，实现了对文献的快速检索和查询。古籍数据库是专门收录古代文献资料的数据库系统。这些数据库通常包含了丰富的古籍资源，如古籍全文、古籍书目、古籍图片等。用户可以通过关键词、作者、书名等多种方式在数据库中检索所需文献。例如，中国国家图书馆的"中华古籍资源库"就是一个集古籍数字资源、古籍知识揭示、古籍保护展示于一体的综合性平台，为用户提供了便捷的古籍检索服务。

除了专门的古籍数据库外，一些学术数据库也收录了大量的古典文献资源。这些数据库通常涵盖了多个学科领域的学术成果，包括古典文献学、历史学、文学等。用户可以在这些数据库中检索到与古典文献相关的学术论文、期刊文章、学位论文等。例如，中国知网（CNKI）就是一个重要的学术数据库，它提供了丰富的古典文献资源及其研究成果的检索服务。

（二）搜索引擎

搜索引擎是现代互联网环境下不可或缺的信息检索工具。它们通过爬取互联网上的网页内容，并建立索引数据库，实现了对海量信息的快速检索。对古典文献的检索来说，搜索引擎同样具有重要的作用。

通用搜索引擎如谷歌、百度等，它们虽然不专门针对古典文献进行检索，但由于收录了大量的学术网站、图书馆网站等资源，用户仍然可以通过这些搜索引擎找到与古典文献相关的信息和资源。此外，一些搜索引擎还提供了专门的学术搜索功能，如谷歌学术、百度学术等，这些功能可以帮助用户更精确地检索到古典文献的学术论文和研究成果。除了通用搜索引擎外，还有一些专业搜索引擎专门针对古典文献进行检索。这些搜索引擎通常具有更专业的检索算法和更丰富的古典文献资源。用户可以通过这些搜索引擎更快速地找到所需的古典文献资源。例如，一些古籍数字化平台就提供了专业的古籍搜索引擎服务，用户可以通过输入关键词、作者、书名等信息来检索古籍资源。

（三）数字化工具书

数字化工具书是现代检索工具中的重要组成部分。它们将传统的工具书（如字典、词典、索引等）进行数字化处理，并存储在计算机或移动设备上供用户查阅。这些数字化工具书不仅保留了传统工具书的优点，还具有检索速度快、携带方便等优点。在线字典和词典是数字化工具书中最常见的一种形式。它们通常包含丰富的词汇资源和详细的解释信息，用户可以通过输入关键词来检索所需词汇的释义和用法。例如，汉典网就是一个重要的在线汉语字典网站，它提供了丰富的汉字释义、词源解析、字形演变等信息供用户查阅。

数字化索引和目录是将传统的索引和目录数字化处理后的产物。它们通过建立索引数据库和目录数据库来实现对文献资源的快速检索和查询。用户可以通过输入关键词、作者、书名等信息来检索所需的文献资源。这些数字化索引和目录不仅提高了检索效率，还方便了用户的查阅和使用。

（四）跨平台检索工具

随着移动互联网的发展，越来越多的跨平台检索工具应运而生。这些工具不仅支持在计算机上使用，还支持在手机、平板等移动设备上使用，实现了随时随地的文献检索。许多数据库和搜索引擎都推出了自己的移动应用版本，如中国知网的 CNKI 手机知网、谷歌学术的移动应用等。这些应用通常具有简洁的界面和便捷的操作方式，使得用户可以在手机上随时随地进行文献检索和查阅。

云服务是现代信息技术的重要组成部分。通过将文献资源存储在云端服务器上，用户可以通过任何一台连接互联网的设备来访问和检索这些资源。云服务不仅提高了资源的共享性和可访问性，还降低了用户的存储和维护成本。

三、古典文献检索工具的使用方法与技巧

古典文献检索工具的使用方法与技巧，是每一位从事古典文献研究或学习的人必须掌握的重要技能。这些工具不仅能够帮助我们快速定位到所需的文献资源，还能提高我们的研究效率和质量。下面将详细探讨古典文献检索工具的使用方法与技巧，旨在为读者提供一套系统性的指导。

（一）了解检索工具的类型与特点

首先，使用者需要对古典文献检索工具的类型与特点有清晰的认识。古典文献检索工具大致可分为传统工具与现代工具两大类。传统工具包括索引、目录、辞书等，它们以纸质形式存在，依赖人工翻阅和查找。而现代工具则主要指数据库系统、搜索引擎、数字化工具书及跨平台检索工具等，它们依托计算机技术和互联网技术，实现了对古典文献的数字化存储与快速检索。

（二）掌握数据库系统的使用技巧

数据库系统是古典文献现代检索的核心工具之一。掌握其使用技巧，对于提高检索效率至关重要。

每个数据库系统都有其独特的界面布局和功能设置。使用者首先需要熟悉数据库的基本界面，包括搜索框、筛选条件、结果展示区域等。同时，要了解数据库提供的

高级检索功能，如布尔逻辑运算符（AND、OR、NOT）的使用、字段限定（如作者、标题、关键词等）的设置等。构建精确的检索式是数据库检索的关键。使用者应根据自己的研究需求，选择合适的关键词和检索策略。例如，可以通过组合多个关键词来缩小检索范围；利用通配符（如 *、?）来扩大检索范围；设置排除条件来排除不相关的文献等。

数据库系统通常不仅提供文献全文的检索服务，还包含丰富的附加资源，如文献摘要、引用关系、相关文献推荐等。使用者应充分利用这些资源，以获取更全面、深入的信息。

（三）搜索引擎的高级用法

搜索引擎是互联网环境下最常用的信息检索工具之一。对古典文献的检索来说，搜索引擎同样具有重要作用。但要想充分发挥搜索引擎的潜力，就需要掌握其高级用法。

大多数搜索引擎都提供高级搜索功能，允许用户设置更复杂的检索条件。例如，可以限定搜索结果的来源类型（如网页、图片、学术资源等）、时间范围、语言等。通过合理使用这些功能，可以大大提高检索的准确性和效率。关键词的选择对于搜索引擎的检索结果至关重要。使用者应尽量选择能够准确描述自己研究需求的关键词，并考虑使用同义词、近义词或相关概念进行扩展检索。同时，要注意避免使用过于宽泛或模糊的关键词，以免检索到大量不相关的结果。

一些搜索引擎还提供了特定的功能来辅助文献检索。例如，谷歌学术的"引用"功能可以帮助用户查找某篇文献的引用情况；百度学术的"作者搜索"功能可以帮助用户快速定位到某位作者的所有作品等。使用者应充分利用这些功能来优化自己的检索策略。

（四）数字化工具书的运用策略

数字化工具书是现代检索工具中的重要组成部分。它们不仅保留了传统工具书的优点，还融入了先进的技术手段，使得查阅更加便捷高效。在线字典和词典是数字化工具书中最常见的一种形式。使用者应熟练掌握其使用方法，包括输入关键词、选择查询类型（如单字查询、词组查询等）、查看释义和例句等。同时要注意及时更新和维护自己的词典库，以确保信息的准确性和时效性。

数字化索引和目录是将传统索引和目录数字化处理后的产物。它们通过建立索引数据库和目录数据库来实现对文献资源的快速检索和查询。使用者应熟悉这些数字化索引和目录的使用方法，包括了解索引和目录的编排规则、掌握检索技巧等。同时要注意结合自己的研究需求选择合适的索引和目录进行查阅。

（五）跨平台检索工具的灵活应用

随着移动互联网的发展，越来越多的跨平台检索工具应运而生。这些工具不仅支持在计算机上使用，还支持在手机、平板等移动设备上使用，实现了随时随地的文献检索。使用者应灵活应用这些跨平台检索工具，以提高自己的研究效率。移动应用具有的便携性强的特点使得用户可以在任何时间、任何地点进行文献检索和学习。使用者可以下载并安装相关的移动应用，如CNKI手机知网、谷歌学术移动应用等，利用碎片化的时间进行文献检索和学习，积累知识和灵感。

云服务是现代信息技术的重要组成部分。通过将文献资源存储在云端服务器上，用户可以通过任何一台连接互联网的设备来访问和检索这些资源。同时，云服务还支持多人协作和资源共享功能，使得研究团队可以更加高效地开展工作。使用者应充分利用云服务的这些优势来实现资源的共享与协作，提高自己的研究效率和质量。

（六）优化检索策略，提升检索效果

在古典文献检索过程中，优化检索策略是提升检索效果的关键。以下是一些实用的技巧和建议：

复杂的检索任务往往难以一次性完成，因此可以采用分阶段检索的策略。首先，使用较为宽泛的关键词进行初步检索，以获取大致的文献范围；其次，根据初步检索的结果，调整关键词或检索条件，进行更精确的检索。通过逐步缩小检索范围，可以逐渐逼近目标文献。在检索过程中，经常会遇到大量与主题不直接相关的结果。为了节省时间，提高检索效率，可以主动设置排除条件，如排除某些不相关的作者、机构或期刊。同时，也可以利用检索工具提供的"不相关结果"反馈功能，让系统学习并优化你的检索偏好。

引文追踪是一种有效的文献发现方法。当你找到一篇有价值的文献时，可以进一步查看该文献的参考文献和被引文献。通过这种方法，可以沿着文献的引用链条，发现更多与主题相关的优质文献。许多数据库和搜索引擎都提供了引文追踪的功能，使用者应充分利用。学术趋势和热点是古典文献研究领域的重要组成部分。通过关注这些趋势和热点，可以及时了解领域内的最新研究进展和研究方向。一些数据库和学术平台会定期发布学术趋势报告或热点分析，使用者可以关注这些资源以获取有价值的信息。

（七）整合信息，构建知识体系

古典文献检索的最终目的是获取有价值的信息并构建自己的知识体系。因此，在检索过程中应注重信息的整合和梳理。

将检索到的文献按照主题、作者、时间等维度进行分类整理有助于更好地理解和利用这些信息。可以使用笔记软件、文献管理软件等工具来辅助整理工作。在整理好

文献后需要认真阅读并进行分析。通过阅读可以了解文献的主要观点、论证过程和研究方法；通过分析可以发现文献之间的内在联系和差异点，进而形成自己的研究思路和观点。

最后需要将研究成果以综述或报告的形式呈现出来。在撰写过程中要注重逻辑的清晰性和论证的充分性；同时也要注意引用规范的遵守和学术诚信的维护。

（八）持续学习与更新

古典文献检索是一个不断发展和变化的领域。随着信息技术的不断进步和学术研究的深入发展，新的检索工具和方法不断涌现。因此，使用者需要保持持续学习的态度，不断更新自己的知识和技能以适应时代的变化和发展。通过关注行业内的会议、论坛、期刊等渠道，可以及时了解最新的检索工具和技术动态以及领域内的最新研究进展和热点话题。

参加相关的培训课程和交流活动可以与其他研究者分享经验和心得，学习他人的优点和长处，进而提升自己的检索能力和研究水平。实践是检验真理的唯一标准。在古典文献检索过程中要注重实践经验的积累和总结；同时也要勇于尝试新的检索工具和方法，不断创新自己的检索策略和方法，以提高检索效率和效果。

总之，古典文献检索工具的使用方法与技巧是一个复杂而系统的过程，需要使用者具备扎实的专业知识和熟练的操作技能以及持续学习和创新的精神。通过不断实践和总结，相信每位使用者都能够掌握这些技巧并在自己的研究领域取得丰硕的成果。

四、古典文献检索工具的优势与局限

在古典文献研究领域，检索工具作为连接研究者与文献资源的桥梁，扮演着至关重要的角色。这些工具不仅帮助研究者跨越时间的长河，快速定位到古代的智慧结晶，还促进了学术研究的深入与发展。然而，任何工具都有其两面性，古典文献检索工具也不例外。

（一）古典文献检索工具的优势

首先，古典文献检索工具最显著的优势在于其能够显著提高检索效率。在浩如烟海的古典文献中，手动翻阅查找无疑是一项耗时费力的工作。而现代检索工具，如数据库、搜索引擎等，通过关键词检索、布尔逻辑运算、字段限定等高级功能，使研究者能够迅速定位到相关文献，大大节省了时间和精力。其次，检索工具能够极大地扩大检索范围。传统的研究方式往往受限于研究者的物理位置和所能接触到的文献资源。而现代检索工具则打破了这一限制，通过互联网连接全球范围内的文献资源，使得研究者能够轻松访问到世界各地的图书馆、档案馆、博物馆等机构收藏的古典文献。这种跨越地域和时间的检索能力，为研究者提供了前所未有的便利。

其次，检索工具还促进了古典文献资源的共享。在传统的研究环境中，文献资源往往被少数机构或个人所垄断，导致学术资源分配不均。而现代检索工具通过数字化和网络化手段，使得古典文献资源得以广泛传播和共享。研究者可以通过网络访问到各种文献资源，促进了学术交流和合作。检索工具还提供了丰富的附加功能，如文献摘要、引用关系、相关文献推荐等，这些功能有助于研究者对文献进行深入分析和研究。通过查看文献的摘要和引用关系，研究者可以了解文献的主要内容和学术价值；通过推荐相关文献，研究者可以发现更多与主题相关的优质资源，从而拓宽研究视野和思路。

最后，古典文献检索工具还促进了学术创新。通过快速获取和整合大量文献资源，研究者可以站在前人的肩膀上，发现新的研究问题和研究方向。同时，检索工具提供的先进技术和方法也为研究者提供了新的研究工具和手段，推动了学术研究的不断进步和发展。

（二）古典文献检索工具的局限

然而，尽管古典文献检索工具具有诸多优势，但其也存在一定的局限性。这些局限性主要体现在以下几个方面：

首先，古典文献的数字化程度不一。由于历史原因和技术限制，许多珍贵的古典文献尚未实现数字化或数字化质量不高。这使研究者在利用检索工具时可能无法获取到完整的文献资源或面临阅读障碍。此外，不同机构或平台之间的数字化标准和格式差异也可能导致检索结果的不一致性和兼容性问题。其次，信息过载和筛选难度也是古典文献检索工具面临的重要问题。随着数字化技术的不断发展，越来越多的古典文献被上传到网络上供研究者使用。然而，这也导致了信息量的急剧增加和冗余信息的泛滥。研究者在利用检索工具时往往需要面对大量的检索结果和复杂的筛选过程，这无疑增加了研究的难度和成本。此外，语言与翻译障碍也是限制古典文献检索工具使用的重要因素之一。许多古典文献是用古代语言或方言写成的，这些语言对现代研究者来说可能难以理解和阅读。虽然一些检索工具提供了翻译功能或支持多语言检索，但翻译质量往往难以保证且存在文化差异和语境误解的问题。这使研究者在理解和利用这些文献时面临一定的困难。

版权与访问权限问题也是制约古典文献检索工具使用的重要因素。许多珍贵的古典文献受到版权保护或访问权限限制，这使研究者无法直接通过检索工具获取到这些资源。虽然一些机构或平台提供了付费下载或订阅服务以解决这一问题，但这无疑增加了研究者的经济负担和获取资源的难度。最后，技术依赖与更新速度也是古典文献检索工具面临的挑战之一。现代检索工具高度依赖于计算机技术和互联网技术的发展水平。然而，这些技术往往更新换代迅速且存在不稳定性和安全隐患。这使得研究者在利用检索工具时需要不断学习和适应新技术的发展变化，并关注其安全性和稳定性问题。同时，不同机构或平台之间的技术差异和更新速度不一也可能导致检索结果的不一致性和兼容性问题。

第二节　古典文献的检索方法

一、古典文献的直接检索法

古典文献的直接检索法是文献学研究中的一个重要领域，它涉及如何在浩如烟海的古典文献中迅速、准确地找到所需资料。随着信息技术的发展，古典文献的检索方式已经从传统的纸质文本检索逐渐转向电子文本检索，但无论是哪种方式，其核心目的都是提高检索效率，满足研究者的需求。下面将详细阐述古典文献的直接检索法，包括传统纸质文献的检索方法和电子文献的检索与利用。

（一）传统纸质文献的检索方法

索引是我国古代文献检索的重要工具，最早出现于明代，古称玉键、针线、检目、韵检、通检、备检、引得等。索引种类繁多，依据不同的标准可以划分为不同的类型，如逐字索引、句子索引、关键词索引、书名索引、篇目索引、人名索引、地名索引等。这些索引工具为研究者提供了极大的便利，使得他们能够快速定位到所需信息。

书名索引：对于古籍图书的检索，首先可以通过书名索引来查找。目前最完备常用的丛书目录索引是上海图书馆编的《中国丛书综录》（上海古籍出版社 1982 年版）和阳海清编撰的《中国丛书广录》（湖北人民出版社 1999 年版）。这两部书目索引收录了大量的古籍丛书，是研究者必备的工具书。

单书检索：如果需要查找单刻本的现存古籍书目，可以通过查阅各图书馆的馆藏书目、有关分类书目（如善本书目、断代书目、专科书目等）来实现。例如，《北京图书馆古籍善本书目》《现存宋人别集版本目录》《清人别集总目》等书目都是重要的检索工具。

题记检索：历代公私藏书目录中，有大量的古籍版本题记序跋，这些资料对于研究古籍版本的源流具有重要价值。罗伟国、胡平编的《古籍版本题记索引》（上海书店 1991 年版）为检索这些资料提供了极大便利。

目录是另一种重要的文献检索工具，它按照一定的次序编排，列出了文献的名称、作者、卷次、版本等信息，便于研究者查阅。

丛书目录：如前所述，《中国丛书综录》《中国丛书广录》等丛书目录索引是检索古籍丛书的重要工具。

分类目录：除了丛书目录外，还有各种分类目录可供查阅，如善本书目、断代书目、专科书目等。这些目录按照不同的分类标准编排，如时代、学科、地域等，为研究者提供了多种检索途径。

辞书是汇集字词、成语、典故、人名、地名等特定信息的工具书，对于古典文献的检索同样具有重要作用。通过查阅辞书，研究者可以了解字词的含义、用法、历史演变等信息，从而更准确地理解文献内容。

（二）电子文献的检索与利用

随着信息技术的发展，电子文献的检索与利用已经成为古典文献研究的重要组成部分。电子文献具有检索速度快、存储量大、便于共享等优点，为研究者提供了更加便捷、高效的检索方式。

数据库是电子文献的重要载体，它按照一定的数据结构组织存储数据，便于用户通过计算机进行检索。目前，国内外已经建立了大量的古典文献数据库，如中国知网、万方数据、维普网等中文数据库，以及 JSTOR、Project MUSE 等外文数据库。这些数据库收录了大量的古典文献资源，并提供了多种检索方式，如关键词检索、作者检索、题名检索等，满足了研究者的不同需求。搜索引擎是互联网上最常用的信息检索工具之一，它通过对互联网上的信息进行抓取、索引和排序，为用户提供快速、准确的检索服务。在古典文献的检索中，研究者可以利用搜索引擎来查找相关的文献资源。例如，可以在百度、谷歌等搜索引擎中输入关键词或书名等信息进行检索，从而找到相关的网页、数据库或电子文献资源。

除了数据库和搜索引擎外，还有一些专业网站提供了古典文献的检索服务。这些网站通常具有特定的主题或领域，如古籍研究、历史文献学、文学研究等，并收录了大量的相关文献资源。研究者可以通过访问这些网站来查找所需的文献资源，并利用网站提供的检索工具进行快速检索。

二、古典文献的间接检索法

古典文献的间接检索法作为一种重要的学术研究方法，是通过相关工具、索引、目录、参考文献等途径，间接地定位并获取所需的古典文献信息。下面是对古典文献间接检索法的详细探讨，内容涵盖其定义、重要性、常用工具与方法、具体步骤及注意事项等方面。

（一）定义与重要性

1. 定义

古典文献间接检索法是指不直接通过文献标题、作者等明确信息去检索具体文献，而是利用索引、目录、参考文献、引文分析、相关数据库等工具，通过间接途径查找和获取古典文献信息的方法。这种方法在古典文献研究中尤为重要，因为古典文献数量庞大、种类繁多，且许多文献可能已散佚或难以直接获取。

2. 重要性

提高检索效率：通过间接检索法，可以快速定位到与目标文献相关的索引、目录等信息，从而缩小检索范围，提高检索效率。

扩大文献来源：间接检索法能够揭示那些未直接列入检索系统或未被广泛认知的古典文献，为研究者提供更广泛的文献来源。

发现新线索：在检索过程中，通过参考文献、引文分析等方法，可能发现新的研究线索或相关文献，进一步推动研究的深入。

（二）常用工具与方法

1. 索引与目录

丛书目录索引：如上海图书馆编的《中国丛书综录》（上海古籍出版社 1982 年版）和阳海清编撰的《中国丛书广录》（湖北人民出版社 1999 年版），这些工具书收录了大量的古典文献丛书，是查找古籍书名目录的重要工具。

单书检索工具：包括各图书馆的藏书目录、善本书目、断代书目、专科书目等，如《北京图书馆普通古籍目录》《杭州大学图书馆线装书总目》等，为查找单本古籍提供了便利。

2. 参考文献与引文分析

通过查阅已有研究成果的参考文献部分，可以发现与研究主题相关的古典文献线索。同时，利用引文分析软件或数据库，可以进一步追踪和分析这些文献的引用情况，从而挖掘出更多潜在的相关文献。

3. 数据库与网络资源

随着信息技术的发展，越来越多的古典文献被数字化并纳入各类数据库和网络资源中。如中国知网、万方数据、维普网等学术数据库，以及国家图书馆、各地方图书馆等机构的数字资源平台，都提供了丰富的古典文献资源供研究者使用。此外，还有一些专业的古典文献数据库，如《中国基本古籍库》《四库全书》电子版等，更是为古典文献的间接检索提供了强有力的支持。

（三）具体步骤

在进行古典文献的间接检索之前，首先要明确自己的检索需求，包括研究的主题、时间范围、文献类型等。这有助于确定检索的方向和范围，提高检索的针对性和有效性。

根据检索需求选择合适的检索工具。如果是查找古籍书名目录，可以优先选择丛书目录索引或单书检索工具；如果是追踪文献引用情况，则可以利用参考文献与引文分析的方法；如果是需要获取数字化的古典文献资源，则可以访问相关的数据库和网络资源平台。

按照选定的检索工具进行检索。在检索过程中，要注意使用合适的检索词和检索策略，以提高检索的准确性和效率。同时，要注意记录检索结果和相关信息，以便后续的分析和处理。

对检索结果进行分析和处理。首先要筛选出与目标文献相关的信息；其次要对这些信息进行分类和整理；最后要评估这些信息的可靠性和价值性，以便确定是否需要进一步追踪或验证。

对于需要进一步追踪或验证的信息，可以通过查阅原始文献、咨询专家或利用其他检索工具等方式进行。这一步骤对于确保检索结果的准确性和可靠性至关重要。

（四）注意事项

保持耐心与细致：古典文献间接检索往往需要花费大量的时间和精力进行筛选和整理工作，因此需要保持耐心和细致的态度。

注重跨学科交流：古典文献的研究往往涉及多个学科领域的知识和方法，因此要注重跨学科交流与合作，以便更好地利用各学科的资源和优势。

关注新技术和新工具：随着信息技术的发展和新工具的涌现，要及时关注并学习这些新技术和新工具的应用方法，以提高检索效率和质量。

遵守学术规范：在进行古典文献间接检索的过程中要遵守学术规范和道德准则，尊重他人的知识产权和研究成果。

三、古典文献的综合检索法

古典文献的综合检索法作为一种全面而系统的学术研究方法，旨在通过多种途径和工具的综合运用，高效地定位、获取并分析古典文献信息。这种方法不仅依赖于传统的索引、目录等工具书，还融合了现代信息技术和网络资源，形成了一套多元化的检索策略。下面是对古典文献综合检索法的详细探讨，包括其定义、重要性、常用工具与方法、具体步骤及注意事项等方面。

（一）定义与重要性

1. 定义

古典文献综合检索法是指综合运用多种检索工具和策略，通过线上线下相结合的方式，对古典文献进行全面、系统、高效的检索方法。这种方法不仅包括传统的纸质文献检索手段，如索引、目录、参考书目等，还涵盖了现代电子文献检索技术，如数据库检索、网络搜索等。

2. 重要性

提高检索效率：综合检索法通过整合多种检索工具和策略，能够快速定位到目标文献，提高检索效率。

扩大文献来源：多种检索途径的结合能够揭示更多潜在的古典文献资源，为研究者提供更广泛的文献来源。

提升研究质量：通过综合检索法获取的文献信息更加全面、准确，有助于提升研究的质量和深度。

（二）常用工具与方法

1. 传统纸质文献检索工具

索引与目录：如《中国丛书综录》《四库全书总目》等，这些工具书提供了古籍书名、作者、卷数等基本信息，是查找古典文献的重要入口。

参考书目：如《中国古籍善本书目》《中国地方志联合目录》等，这些书目详细记录了古籍的收藏情况和版本信息，有助于研究者快速定位到所需的古籍版本。

2. 现代电子文献检索工具

数据库检索：利用中国知网、万方数据、维普网等学术数据库，可以方便地检索到古典文献的数字化版本和研究成果。

网络搜索：通过搜索引擎如百度学术、谷歌学术等，可以快速获取与古典文献相关的网络资源和信息。

专业网站：如国家图书馆、各地方图书馆的数字资源平台，以及专业的古典文献网站，如"中国基本古籍库"等，提供了丰富的古典文献资源和检索服务。

3. 辅助工具与方法

人名、地名索引：如《中国人名大辞典》《中国古今地名大辞典》等，这些工具书有助于研究者快速定位到与人物、地名相关的古典文献。

引文分析：通过分析已有研究成果的参考文献和引文，可以发现新的研究线索和文献资源。

版本比对：对于同一部古典文献的不同版本，可以通过比对不同版本的文字、注释等内容，了解版本的差异和优劣。

（三）具体步骤

在进行古典文献综合检索之前，首先要明确自己的检索需求，包括研究的主题、时间范围、文献类型等。这有助于确定检索的方向和范围，提高检索的针对性和有效性。根据检索需求选择合适的检索工具和方法。如果是查找古籍书名目录和版本信息，可以优先使用索引、目录和参考书目等传统纸质文献检索工具；如果是需要获取古典文献的数字化版本或研究成果，则可以利用数据库检索和网络搜索等现代电子文献检索工具。

按照选定的检索工具和方法进行检索。在检索过程中，要注意使用合适的检索词和检索策略，以提高检索的准确性和效率。同时，要注意记录检索结果和相关信息，以便后续的分析和处理。对检索结果进行分析和处理。首先要筛选出与目标文献相关的信息；其次要对这些信息进行分类和整理；最后要评估这些信息的可靠性和价值性，以便确定是否需要进一步追踪或验证。

对于需要进一步追踪或验证的信息，可以通过查阅原始文献、咨询专家或利用其他检索工具等方式进行。这一步骤对于确保检索结果的准确性和可靠性至关重要。

第三节　古典文献的数字化检索

一、数字化检索的优势与特点

随着信息技术的飞速发展，数字化检索已成为现代信息获取的重要手段。相比传统的纸质文献检索方式，数字化检索以其独特的优势和特点，在学术研究、教育教学、文献管理等多个领域发挥着越来越重要的作用。

（一）数字化检索的优势

数字化检索最显著的优势在于其高效快捷的检索速度。传统的纸质文献检索需要人工翻阅大量的书籍、期刊等，耗时费力且效率低下。而数字化检索则通过计算机和网络技术，实现了对海量数字化文献的快速检索和定位。用户只需在检索系统中输入关键词或检索条件，系统即可在极短的时间内返回相关文献信息，大大提高了检索效率。数字化检索的另一个重要优势在于其全面的检索范围。传统的纸质文献检索受限于馆藏资源和地理位置等因素，难以实现对全球范围内文献的全面检索。而数字化检索则打破了这些限制，通过连接全球范围内的数字化文献资源，实现了对全球文献的全面覆盖。用户可以轻松地获取国内外各类学术期刊、会议论文、学位论文、专利文献等不同类型的文献资源。

数字化检索还具备精准的检索结果。传统的纸质文献检索往往依赖于人工判断和筛选，容易受到主观因素的影响，导致检索结果不够准确。而数字化检索则通过先进的检索算法和智能处理技术，对文献信息进行深度挖掘和分析，实现了对文献内容的精准匹配和排序。用户可以根据需要选择最合适的文献进行阅读和研究。数字化检索还提供了丰富的检索功能，如全文检索、高级检索、引文检索等。这些功能不仅可以帮助用户快速定位到目标文献，还可以进一步挖掘文献之间的关联性和引用关系。例如，通过引文检索功能，用户可以轻松地找到某篇文献的引用和被引用情况，了解该领域的研究进展和学术脉络。

数字化检索还促进了文献资源的共享和协作。传统的纸质文献资源往往受限于物理存储和借阅规则等因素，难以实现大规模的资源共享和协作。而数字化检索则通过数字化和网络化手段，将文献资源转化为可在线访问和共享的数字资源。用户可以在任何时间、任何地点通过网络访问这些资源，并与他人进行协作和交流。

（二）数字化检索的特点

数字化检索的基础是数字化和网络化。数字化技术将传统的纸质文献转化为数字格式，存储在计算机和网络中；而网络技术则实现了这些数字资源的在线访问和共享。这种数字化和网络化的特点使得数字化检索具有高度的灵活性和可扩展性。数字化检索还具备智能化和自动化的特点。随着人工智能和大数据技术的发展，数字化检索系统能够自动对文献信息进行分类、标引、聚类等处理，提高检索的准确性和效率。同时，智能化技术还可以根据用户的检索行为和偏好进行个性化推荐和定制服务，提升用户体验。

数字化检索的多样性和集成性也是其重要特点之一。多样性体现在数字化文献资源的多样性上，包括学术期刊、会议论文、学位论文、专利文献等多种类型的文献资源；而集成性则体现在这些文献资源能够被统一地集成在数字化检索系统中进行管理和检索。这种多样性和集成性的特点使得数字化检索能够满足不同用户群体的需求。数字化检索还具备交互性和个性化的特点。传统的纸质文献检索方式往往是单向的、被动的，用户只能被动地接受检索结果；而数字化检索则通过人机交互界面和个性化推荐算法等手段，实现了与用户的双向互动和个性化服务。用户可以根据自己的需求和兴趣定制检索条件和结果展示方式，提高检索的针对性和满意度。

数字化检索还注重安全性和可靠性的保障。数字化文献资源作为重要的知识资产和文化遗产，需要得到妥善保护和管理。数字化检索系统通过采用先进的加密技术、备份机制和权限控制等手段，确保文献资源的安全性和可靠性。同时，系统还具备故障恢复和灾难恢复等能力，以应对可能出现的各种风险和挑战。

二、数字化检索平台的构建与运用

数字化检索平台作为现代信息获取的重要工具，其构建与运用对于提升信息检索效率、促进知识共享与交流具有重要意义。

（一）数字化检索平台的构建原则

在构建数字化检索平台时，首先需要确保数据的标准化与规范化。这包括文献资源的数字化格式、元数据标准、分类体系等方面的统一。通过制定和执行统一的标准，可以确保不同来源的文献资源在平台上实现无缝对接和高效检索。随着文献资源的不断增加和用户需求的不断变化，数字化检索平台需要具备可扩展性和灵活性。这要求平台在架构设计上采用模块化、组件化的方式，便于后续功能的增加和修改。同时，平台还需要支持多种检索方式和结果展示方式，以满足不同用户群体的需求。

数字化检索平台涉及大量敏感和重要的文献资源，因此安全性和可靠性是构建过程中必须考虑的重要因素。平台需要采用先进的加密技术、备份机制和权限控制等手段，确保文献资源的安全性和可靠性。同时，还需要建立完善的故障恢复和灾难恢复机制，以应对可能出现的各种风险和挑战。

（二）数字化检索平台的关键技术

文本挖掘技术用于从大量文本数据中提取有用信息，包括关键词提取、主题识别、情感分析等。索引技术则用于将文本数据转换为可快速检索的格式，如倒排索引等。这些技术是实现高效检索的基础。

搜索引擎是数字化检索平台的核心组件，负责接收用户的检索请求并返回相关结果。搜索引擎需要支持多种检索方式（如全文检索、关键词检索、高级检索等）和结果排序算法（如 TF-IDF、BM25 等），以提高检索的准确性和效率。随着大数据和人工智能技术的发展，这些技术也被广泛应用于数字化检索平台的构建中。大数据技术可以处理海量数据并提取有价值的信息；人工智能技术则可以实现智能化推荐、语义检索等功能，提升用户体验。

（三）数字化检索平台的系统架构

数字化检索平台的系统架构通常包括以下几个部分：

该层负责从各种数据源采集文献资源并进行预处理操作（如清洗、格式转换、标引等）。预处理后的数据将被存储在数据仓库或分布式存储系统中以便后续检索。

该层利用文本挖掘和索引技术将预处理后的数据构建成索引库。索引库是实现高效检索的关键部分，需要支持快速查询和更新操作。该层提供检索接口和检索服务，接收用户的检索请求并返回相关结果。检索服务层需要支持多种检索方式和结果展示方式，并具备高度的可扩展性和灵活性。

该层是用户与数字化检索平台交互的界面，包括 Web 界面、移动应用等多种形式。用户交互层需要提供友好的用户界面和交互体验，以便用户能够轻松地进行检索和浏览操作。

（四）数字化检索平台的运用场景

数字化检索平台为学术研究人员提供了便捷的信息获取途径。研究人员可以通过平台快速检索到相关领域的文献资源，了解最新的研究进展和学术动态。在教育领域，数字化检索平台可以作为教师备课和学生学习的重要工具。教师可以通过平台查找教学资料和案例；学生则可以通过平台获取学习资源和解答疑惑。

企业可以利用数字化检索平台收集和分析竞争对手的情报信息，了解市场动态和行业趋势。这有助于企业制定更加精准的市场策略和产品规划。图书馆和档案馆是数字化检索平台的重要应用领域之一。通过平台，图书馆和档案馆可以实现文献资源的数字化管理和在线检索服务，提高服务质量和效率。

三、数字化检索技术的创新与发展

随着科技的飞速进步和互联网的普及，数字化检索技术已成为现代社会不可或缺的一部分。它不仅极大地提高了信息获取的效率，还深刻改变了人们的生活和工作方式。

（一）数字化检索技术的现状

在当前的数字化时代，文献检索已经从传统的纸质媒介向数字化、网络化方向发展。文献资源的存储方式从纸质图书、期刊逐步转变为电子图书、电子期刊、数据库等电子资源。这些电子资源不仅容量大、体积小、易于存储，而且检索速度快、效率高，极大地满足了读者对信息获取的需求。

数字化检索技术主要依赖于计算机技术和网络技术，通过搜索引擎、数据库管理系统等工具，实现信息的快速查找和获取。随着人工智能、大数据、物联网等技术的不断融入，数字化检索技术也在不断创新和发展，为用户提供更加精准、个性化的信息检索服务。

（二）数字化检索技术的创新方向

人工智能技术的快速发展给数字化检索技术带来了革命性的变革。传统的信息检索技术主要依赖于关键词匹配，但这种方式往往无法准确理解用户的真实需求。而人工智能技术通过深度学习和自然语言处理等技术，能够实现对用户意图的精准理解，从而提供更加个性化的搜索结果。例如，谷歌的 BERT 模型就是典型的应用案例，它能够根据用户的搜索意图，提供更加准确和个性化的搜索结果。语义搜索技术是利用自然语言处理和知识图谱等技术，理解搜索语句的意义和语义关系，从而提供更加精准的搜索结果。与传统的关键词匹配方式不同，语义搜索技术能够更好地理解用户的查询意图，减少歧义和误解，提高搜索结果的准确性。微软的 Bing 搜索引擎就是语义搜索技术的典型代表，它利用知识图谱技术，根据用户的搜索语句和上下文，提供更加准确的搜索结果。

生成式信息检索是一种新兴的检索范式，它通过生成模型直接生成相关文档的标识符或直接生成可靠的回复来满足用户的信息获取需求。与传统的相似度匹配方法不同，GenIR 在处理用户查询时更为高效，因为它能够直接生成贴合用户需求的信息，而不需要用户在检索结果中进行筛选和总结。中国人民大学高瓴人工智能学院在这一领域进行了深入研究，并取得了一系列成果，推动了生成式信息检索技术的发展。随着多媒体技术的不断发展，跨模态检索技术也逐渐成为数字化检索领域的研究热点。跨模态检索技术能够实现文本、图像、音频等多种模态之间的信息检索，为用户提供更加丰富的信息获取方式。例如，用户可以通过上传一张图片来搜索与该图片相关的文本信息，或者通过输入一段文字来搜索相关的图像和视频资源。这种跨模态的检索方式将大大提高信息检索的灵活性和多样性。

（三）数字化检索技术的发展趋势

未来的数字化检索技术将更加注重多元化和个性化的发展。随着用户需求的日益多样化，数字化检索技术需要提供更加灵活多样的检索方式，满足不同用户的个性化需求。例如，通过智能推荐系统为用户推送符合其兴趣爱好的信息，或者根据用户的搜索历史和行为习惯，提供个性化的搜索结果。人工智能技术的不断融入将推动数字化检索技术向智能化和自动化方向发展。未来的数字化检索系统将具备更强的智能处理能力，能够自动分析和理解用户的查询意图，提供精准的搜索结果。同时，随着自动化技术的不断进步，数字化检索的流程也将更加自动化和高效化，减少人工干预和错误率。

数字化检索技术将与其他领域的技术进行深度融合，形成更加全面和强大的信息检索服务。例如，与物联网技术结合，实现智能家居、智能交通等领域的智能化检索服务；与区块链技术结合，实现数据的安全传输和共享；与生物技术结合，推动医疗健康领域的精准医疗和个性化治疗等。大数据和云计算技术的发展将为数字化检索技术提供更加强大的数据处理能力和存储空间。未来的数字化检索系统将依托大数据和云计算技术，实现对海量数据的快速处理和分析，提高检索效率和准确性。同时，云计算技术也将为数字化检索服务提供更加灵活和可扩展的部署方式，满足不同规模和需求的用户。

四、数字化检索的未来趋势

在数字化时代的大潮中，数字化检索技术作为连接信息与用户的桥梁，正经历着前所未有的变革与发展。随着人工智能、大数据、云计算等技术的不断成熟与融合，数字化检索的未来趋势展现出更加智能化、个性化、高效化和跨领域融合的特点。

（一）技术革新引领智能化发展

人工智能技术的快速发展，特别是自然语言处理（NLP）、深度学习、知识图谱等领域的突破，给数字化检索技术带来了革命性的变化。未来的数字化检索系统将更加智能化，能够理解并预测用户的查询意图，提供更加精准、个性化的搜索结果。例如，基于 NLP 技术的语义理解能力，系统能够解析复杂的查询语句，理解其中的上下文关系和语义关联；而深度学习模型则能够通过大量数据训练，不断优化检索算法，提高检索效率和准确性。随着多媒体信息的爆炸式增长，跨模态检索技术将成为未来数字化检索的重要方向。跨模态检索能够实现不同媒体类型（如文本、图像、音频、视频等）之间的信息互通与检索，满足用户多样化的信息需求。例如，用户可以通过上传一张图片来查找与该图片内容相关的新闻报道或商品信息；或者通过输入一段音频片段来识别其中的歌曲名称或歌词。这种跨模态的检索方式将极大地丰富信息检索的维度和广度。

未来的数字化检索系统将更加注重实时性和动态性。随着物联网、传感器等技术的普及，实时数据的获取和分析成为可能。数字化检索系统需要能够实时地处理和分析这些数据，为用户提供最新的、最准确的信息。同时，系统还需要具备动态调整和优化检索策略的能力，以适应不断变化的用户需求和信息环境。

（二）用户体验的持续优化

未来的数字化检索系统将更加注重用户体验的个性化与定制化。通过收集和分析用户的搜索历史、浏览行为、兴趣爱好等数据，系统能够构建用户的个性化画像，并据此推送符合其需求的信息和服务。这种个性化的推荐和定制化服务将大大提高用户的满意度和忠诚度。随着语音识别、手势识别等自然交互技术的不断发展，未来的数字化检索系统将更加注重自然交互界面的设计。用户可以通过语音、手势等自然方式与系统进行交互，无须再依赖传统的键盘和鼠标。这种自然交互方式将极大地提高用户的操作便捷性和体验舒适度。

未来的数字化检索系统将实现跨平台与无缝连接的用户体验。用户可以在不同的设备（如手机、平板、电脑等）和平台上无缝切换和同步自己的检索历史和个性化设置。同时，系统还将支持与其他应用和服务（如社交媒体、电商平台等）的互联互通，为用户提供更加全面和便捷的信息获取渠道。

（三）应用场景的拓展与深化

随着数字化检索技术的不断成熟和应用场景的拓展，未来将有更多垂直领域开始深度应用这一技术。例如，在医疗健康领域，数字化检索技术可以帮助医生快速获取患者的病史信息、药物资料等；在法律领域，则可以用于快速检索相关案例和法律条文。这些垂直领域的应用将推动数字化检索技术的进一步发展和完善。

未来的数字化检索系统将成为智能决策的重要辅助工具。通过收集和分析大量的数据和信息，系统能够为企业和个人提供基于数据的决策支持。例如，在市场营销领域，系统可以通过分析用户的行为数据和偏好信息，为企业制定更加精准的营销策略；在科研领域，则可以用于快速检索和分析相关文献和数据资源，为科研人员提供有力的支持。智慧城市建设是未来城市发展的重要方向之一。数字化检索技术作为智慧城市的重要组成部分之一，将在城市规划、交通管理、公共安全等领域发挥重要作用。例如，在交通管理领域，系统可以通过实时分析交通流量和路况信息，为市民提供最优的出行路线建议；在公共安全领域，则可以用于快速检索和分析监控视频数据，提高应急响应速度和准确性。

第四节　古典文献的利用价值

一、古典文献的学术研究价值

古典文献作为历史长河中沉淀下来的文化瑰宝，承载着丰富的历史信息、深厚的文化底蕴和独特的学术价值。它们不仅是古代社会生活的真实记录，也是人类文明传承与发展的重要载体。在当代学术研究领域，古典文献的挖掘、整理与研究具有不可估量的价值，在促进学科交叉融合、深化历史文化认知、推动社会文明进步等方面均发挥着重要作用。

（一）历史再现与文化传承

古典文献的首要价值在于其作为历史见证的作用。通过研读古典文献，学者们能够穿越时空的界限，直接接触到古代社会的真实面貌。这些文献记录了古代的政治制度、经济状况、社会生活、思想信仰、文学艺术等方方面面，为我们构建了一幅幅生动的历史画卷。例如，通过《史记》《汉书》等史书，我们可以了解到秦汉时期的政治格局、社会变迁；通过《诗经》《楚辞》等文学作品，我们可以感受到先秦时期的文化氛围和审美追求。古典文献的这种历史再现功能，使得我们能够更加全面、深入地理解古代社会，为历史研究提供了宝贵的资料基础。

同时，古典文献也是文化传承的重要载体。它们承载着古代文化的精髓和智慧，是后人学习、借鉴和创新的重要源泉。通过对古典文献的研读和传承，我们可以继承古代文化的优秀传统，弘扬民族精神，增强文化自信。例如，儒家经典《论语》《孟子》等不仅是中国传统文化的核心组成部分，也是全球文化宝库中的瑰宝，对于培养人们的道德情操、提升人文素养具有不可替代的作用。

（二）学科建设与学术创新

古典文献的学术研究对于学科建设和学术创新具有重要意义。首先，古典文献学作为一门独立的学科，其研究内容涵盖了文献的收集、整理、校勘、注释、翻译等多个方面，涉及语言学、文学、历史学、哲学等多个学科领域。通过对古典文献的深入研究，可以推动这些学科的发展和完善，促进学科之间的交叉融合。例如，古典文献学的研究方法和成果可以为历史学研究提供可靠的史料支撑和理论支持；同时，历史学的研究视角和理论框架也可以为古典文献学的研究提供新的思路和方法。其次，古典文献的学术研究也是学术创新的重要源泉。在深入挖掘和整理古典文献的过程中，学者们往往会发现新的史料、新的观点或新的研究方法，从而推动学术研究的进步和创新。例如，近年来随着出土文献的不断发现和研究，学者们对先秦时期的历史、文化、思想等方面有了更加深入和全面的认识，提出了一系列新的学术观点和理论框架。这些新的研究成果不仅丰富了学术宝库，也为相关领域的研究提供了新的思路和方法。

（三）社会文明进步的推动力量

古典文献的学术研究不仅具有学术价值，还具有广泛的社会意义。通过对古典文献的深入研究和传播，可以推动社会文明的进步和发展。首先，古典文献中蕴含着丰富的智慧和道德观念，对于培养人们的道德情操、提升人文素养具有积极作用。例如，《论语》中倡导的仁爱、诚信、礼让等道德观念至今仍具有重要的现实意义；而《道德经》中的无为而治、道法自然等思想则对现代社会治理和生态文明建设具有启示作用。其次，古典文献的学术研究还可以为现代社会提供有益的借鉴和启示。例如，通过对古代政治制度、经济制度、法律制度等方面的研究和分析，我们可以发现其中存在的优点和不足，为现代社会的制度建设和改革提供有益的参考；同时，通过对古代文学艺术、科技发明等方面的研究和分析，我们可以汲取其中的智慧和灵感，推动现代社会的文化繁荣和科技进步。

二、古典文献的文化传承价值

在浩瀚的历史长河中，古典文献犹如璀璨的星辰，不仅照亮了人类文明的进程，更是文化传承的桥梁与纽带。它们以文字为载体，记录了先人的智慧、情感、信仰与生活方式，成为连接过去与未来，沟通不同文化与民族的重要工具。古典文献的文化传承价值，体现在多个维度，深刻影响着后世的思维方式、价值观念乃至社会形态。

古典文献是历史记忆的忠实记录者。每一部古籍，都是一段历史的缩影，它们以文字的形式，将过去的生活场景、社会风貌、政治变迁、文化成就等一一呈现。这些记录不仅为后世提供了宝贵的历史资料，更使我们能够跨越时空的界限，直接触摸到历史的脉搏，感受那个时代的温度。通过研读古典文献，我们可以了解到古代社会的组织结构、经济模式、宗教信仰、文学艺术等方面的具体情况，从而更加全面、深入地认识历史，理解人类文明的演进过程。

古典文献中蕴含着丰富的文化基因，这些基因是民族文化的精髓和灵魂。它们通过文字的形式代代相传，不断被后人解读、诠释和再创造，从而形成了独具特色的民族文化传统。例如，儒家思想作为中国传统文化的重要组成部分，其经典著作《论语》《孟子》等不仅在当时产生了深远的影响，而且跨越千年，至今仍在中国乃至东亚地区发挥着重要的作用。这些古典文献中的思想观念、道德规范、价值追求等，已经深深融入到中华民族的血脉之中，成为我们共同的精神家园。

古典文献不仅是某一民族或文化的专属财产，更是全人类文明共同的财富。它们以不同的语言、文字、体裁等形式，展示了世界各地丰富多彩的文化景观。通过对古典文献的研究和交流，我们可以了解到不同文化的独特魅力和价值所在，增进彼此之间的理解和尊重。同时，古典文献也是文化交流的重要媒介。在古代，丝绸之路上的商队、使者们通过携带和传播古典文献，促进了东西方文化的交流与融合；在现代社会，随着全球化的加速推进，古典文献的译介和传播更加便捷，为不同文化之间的对话和合作提供了更加广阔的平台。古典文献不仅是文化传承的载体，更是文化创新的源泉。在漫长的历史长河中，无数先贤通过研读古典文献，汲取其中的智慧和灵感，创造出了无数辉煌的文化成果。例如，唐宋八大家之一的苏轼在研读《诗经》《楚辞》等古典文学作品时深受启发，创作出了大量脍炙人口的诗词佳作；明代的徐霞客在游历名山大川的过程中，不断翻阅古典地理文献，最终完成了《徐霞客游记》这一地理巨著。这些文化创新不仅丰富了人类文化的宝库，更为后世的文化创作提供了宝贵的经验和启示。

古典文献的文化传承价值还体现在文化自信的树立和提升上。一个国家或民族的文化自信是其精神独立性的重要体现，而古典文献则是这种文化自信的重要来源之一。通过对古典文献的深入研究和广泛传播，我们可以更加清晰地认识到自己文化的独特性和优越性，从而树立起坚定的文化自信。这种文化自信不仅有助于增强民族凝聚力和向心力，还有助于推动文化的国际传播和交流，提升国家文化软实力和国际影响力。

然而，在传承古典文献的过程中，我们也面临着诸多挑战。一方面，随着时代的变迁和科技的发展，古典文献的保存和传承面临着巨大的压力。许多珍贵的古籍因年代久远、保存条件恶劣而损坏严重；同时，数字化技术的普及也对传统阅读方式提出了挑战。为了应对这些挑战，我们需要加强古籍保护技术的研究和应用，推动古籍数字化进程；同时，还需要加强古典文献的教育和普及工作，提高公众对古典文化的认识和兴趣。另一方面，全球化背景下的文化同质化趋势也对古典文献的文化传承构成了威胁。在全球化进程中，不同文化之间的交流与融合日益加深，但同时也存在着文化同质化的风险。为了保持文化的多样性和独特性，我们需要加强跨文化交流和理解的能力建设；同时还需要在传承古典文献的过程中注重创新和发展，让古典文化在现代社会焕发出新的生机和活力。

第五节　古典文献在学术研究中的应用

一、古典文献在学术研究中作为研究资料的应用

古典文献作为历史长河中沉淀下来的珍贵文化遗产，不仅承载着丰富的历史信息与文化内涵，更在学术研究中扮演着举足轻重的角色。作为研究资料，古典文献为学者们提供了深入了解过去、探索人类社会发展规律、推动学科创新与发展的重要依据。

古典文献是历史与文化的直接载体，它们记录了古代社会的政治、经济、文化、科技等多个方面的信息，为学者们提供了丰富的历史资料和文化素材。在历史学研究中，古典文献是构建历史框架、还原历史场景、分析历史事件的重要依据。通过对古典文献的细致解读，学者们可以揭示出历史的真相，揭示出历史发展的规律和趋势。同时，古典文献也是文化研究的重要资源，它们反映了古代社会的文化风貌、思想观念、价值取向等，为学者们深入了解古代文化提供了独特的视角和深入的洞察。古典文献的研究不仅局限于某一学科领域，而是涉及多个学科的交叉与融合。在文学研究中，古典文献是文学创作与批评的重要资源，通过对古典文献的研读和分析，学者们可以了解古代文学的发展脉络、文学风格、文学主题等，为现代文学创作提供灵感和借鉴。在语言学研究中，古典文献是研究古代语言、音韵、词汇、语法等的重要资料，通过对古典文献的语言分析，学者们可以揭示出古代语言的演变规律和特点。在历史学、哲学、社会学等其他学科中，古典文献同样发挥着重要作用，为学科交叉与融合提供了可能。古典文献的研究不仅关注文献本身的内容，还关注文献的编纂、流传、校勘等方面的问题。这些问题涉及文献学、版本学、校勘学等多个学科领域，为学者们提供了丰富的研究方法和理论创新的源泉。通过对古典文献的编纂体例、版本流传、

校勘过程等方面的研究，学者们可以揭示出文献学的内在规律和特点，为文献学的学科建设和理论创新提供有力支持。同时，古典文献的研究也促进了其他学科研究方法的创新和发展。例如，在历史学研究中，通过对古典文献的解读和分析，学者们可以采用新的研究视角和方法来探讨历史事件和人物；在文学研究中，通过对古典文献的文本细读和比较分析，学者们可以提出新的文学理论和批评方法。古典文献的研究不仅是对过去历史的回顾和总结，更是对现实问题的思考和探索。通过对古典文献的深入研究和分析，学者们可以发现新的学术问题和研究方向，推动学术研究的不断创新和发展。例如，在历史学研究中，通过对古典文献中记载的历史事件和人物的重新审视和评价，学者们可以提出新的历史观点和解释框架；在文学研究中，通过对古典文献中文学作品的深入解读和分析，学者们可以发现新的文学主题和创作手法；在哲学研究中，通过对古典文献中哲学思想的梳理和阐释，学者们可以提出新的哲学命题和理论体系。这些学术创新不仅丰富了学术宝库，也为现实问题的解决提供了有益的借鉴和启示。

古典文献作为全人类共同的文化遗产，在国际学术交流中发挥着重要作用。通过对古典文献的研究和解读，不同国家和地区的学者可以增进彼此之间的了解和尊重，促进学术合作与交流。在国际学术会议上，古典文献的研究成果往往成为学者们关注的焦点和讨论的热点；在学术期刊和著作中，古典文献的研究论文和专著也占据了重要地位。这些国际学术交流活动不仅推动了古典文献研究的深入发展，也促进了不同文化之间的交流与融合。

然而，在利用古典文献进行学术研究的过程中，我们也面临着诸多挑战。一方面，古典文献的数量庞大、种类繁多，且存在着不同程度的残缺和讹误问题，这给文献的收集、整理和研究带来了很大困难。为了应对这一挑战，我们需要加强古典文献的数字化建设和资源共享工作，提高文献的获取和利用效率；同时还需要加强文献的校勘和整理工作，确保文献的准确性和可靠性。另一方面，随着全球化的加速推进和科技的快速发展，学术研究的方法和手段也在不断更新和变化。为了保持古典文献研究的活力和创新性，我们需要不断引进新的研究方法和手段，推动古典文献研究的现代化和国际化发展。

二、古典文献在学术研究中作为研究方法的应用

古典文献作为历史与文化的结晶，不仅是学术研究的重要资料，更是独特而深入的研究方法。它们通过记录、保存和传播古代知识，为现代学术研究提供了丰富的视角、工具和路径。

（一）文献搜集与整理：学术研究的基础

古典文献学首要的任务是搜集并整理古代文献，这一过程是任何涉及古代研究的学术工作的起点和基础。研究者需通过图书馆、档案馆、博物馆等机构的资源，广泛搜集各种历史文献、经典著作、遗址遗迹等。搜集过程中，需对文献进行严格的筛选和鉴别，确保资料的准确性和可靠性。整理工作则涉及对文献的分类、编目和校勘。分类是将文献按照学科、年代、地域等标准进行分类，以便后续的研究和使用；编目是为文献编制详细的目录，记录书名、作者、版本、内容摘要等信息，便于查找和引用；校勘则是通过对比不同版本的文献，找出其中的差异和错误，进行修正和补充，确保文献的准确性和完整性。

这一系列的搜集与整理工作，不仅为学术研究提供了丰富的基础资料，还培养了研究者严谨的学术态度和扎实的文献功底。

（二）校勘与注释：深度解读的钥匙

校勘是古典文献学中的核心方法之一，它通过对不同版本的文献进行比较和分析，找出其中的差异和错误，并恢复原貌。这一过程需要研究者具备深厚的古汉语功底和丰富的文献学知识，能够准确理解文献中的字词含义和句子结构，识别并纠正文献中的讹误和脱漏。注释则是帮助读者理解文献的重要辅助手段。注释包括对文献中的难解字词、典故、人名、地名等进行解释和说明，以及对文献中的历史背景、文化内涵等进行补充和阐释。通过注释，读者可以更加深入地理解文献的内容和思想，把握其背后的历史和文化脉络。

校勘与注释的结合，使得研究者能够深入解读文献，挖掘其中的深层含义和价值，为学术研究提供有力的支持。

（三）比较研究：揭示差异与共性

古典文献中往往存在多个版本和多种解读方式，这为比较研究提供了丰富的素材。比较研究是通过对比不同版本、不同解读方式下的文献内容，揭示其差异和共性，从而更加全面地理解文献的内涵和价值。比较研究可以从多个维度进行，如时间维度的历史变迁、地域维度的文化差异、学科维度的知识交叉等。通过比较研究，研究者可以揭示出文献在不同历史时期、不同地域、不同学科背景下的演变规律和特点，为学术研究提供新的视角和思路。

此外，比较研究还有助于发现文献中的矛盾和错误，促进学术研究的深入和严谨。通过对不同版本的文献进行比较和分析，研究者可以识别出文献中的不一致之处和潜在错误，并进行修正和补充，提高学术研究的准确性和可靠性。

（四）跨学科应用：拓宽研究视野

古典文献学作为一门交叉学科，其研究方法在多个学科领域都有广泛的应用。在历史学研究中，古典文献是重建历史场景、还原历史真相的重要依据；在文学研究中，古典文献是解读文学作品、分析文学现象的重要资源；在哲学、宗教学、社会学等学科中，古典文献同样发挥着重要作用。跨学科应用不仅拓宽了古典文献学的研究视野，也促进了不同学科之间的交流和融合。通过跨学科研究，研究者可以从多个角度和层面审视古典文献，发现其中的新问题和新价值，推动学术研究的深入和创新。

例如，在中医研究中，古典文献是传承和发展中医理论的重要载体。通过对中医古典文献的深入研究和分析，研究者可以揭示出中医理论的内在逻辑和演变规律，为中医现代化和国际化提供有力支持。同时，中医古典文献中的丰富案例和临床经验也为现代医学研究提供了宝贵的参考和借鉴。

三、古典文献在学术研究中作为研究视角的应用

古典文献作为人类历史文化的重要遗产，不仅是学术研究的基础资料，更是深化研究、拓展视野的独特视角。它们承载着丰富的历史信息、文化内涵和思想观念，为学术研究提供了多样化的解读路径和深刻的分析框架。

（一）古典文献作为研究视角的多元性

古典文献种类繁多，包括经史子集、诗词歌赋、碑刻铭文、档案文书等，每一种文献都蕴含着独特的价值和视角。研究者可以根据研究主题和目的，选择适合的文献类型作为研究视角。例如，在研究古代政治制度时，可以选取历史文献中的官制、职官、律令等内容作为分析对象；在研究古代文学时，则可以关注诗词歌赋、戏曲小说等文学作品中的情感表达、艺术手法和思想内涵。

这种多元性不仅丰富了学术研究的维度，也促进了研究方法的多样化。研究者可以通过对比分析、文本解读、历史考证等多种手段，深入挖掘文献中的信息和价值，形成对研究对象的全面认识。

（二）古典文献的历史深度

古典文献是历史的见证者，它们记录了古代社会的方方面面，为研究者提供了宝贵的历史资料。作为研究视角，古典文献能够引导研究者深入历史深处，探索历史事件的成因、过程和影响。通过对古典文献的细致解读和深入分析，研究者可以还原历史场景、重构历史脉络、揭示历史规律。例如，在研究古代经济史时，可以通过分析古典文献中关于农业生产、商业贸易、货币流通等方面的记载，了解古代经济的发展水平和特点；在研究古代思想史时，则可以关注儒家、道家、法家等思想流派的经典著作，探讨其思想体系、价值观念和社会影响。

这种颇具历史深度的挖掘不仅有助于揭示古代社会的真实面貌，也为现代社会的发展提供了有益的借鉴和启示。

（三）古典文献的文化透视

古典文献不仅是历史的记录，更是文化的载体。它们蕴含着丰富的文化内涵和思想观念，为研究者提供了独特的文化透视视角。通过对古典文献的解读和分析，研究者可以深入了解古代文化的精髓和特色，把握其传承和演变的脉络。

例如，在研究古代文化交流时，可以关注古典文献中关于外来文化传入、本土文化吸收和融合等方面的记载；在研究古代社会风俗时，则可以分析古典文献中关于节日庆典、婚丧嫁娶、礼仪习俗等方面的描述。这些分析不仅有助于揭示古代文化的多样性和复杂性，也为现代文化的发展和创新提供了有益的参考。

（四）古典文献的跨学科融合

古典文献作为研究视角的应用不仅局限于单一学科领域，而且具有跨学科融合的特点。在文学、历史学、哲学、社会学、宗教学等多个学科领域，古典文献都发挥着重要作用。通过跨学科的研究视角，研究者可以更加全面地理解古典文献的价值和意义，形成对研究对象的综合认识。例如，在文学研究中，可以将古典文献与现代文学理论相结合，探讨古代文学作品的艺术手法和思想内涵；在历史学研究中，可以将古典文献与考古学、人类学等学科相结合，通过多角度分析揭示历史真相；在哲学研究中，则可以借助古典文献中的哲学思想来探讨现代哲学问题。

这种跨学科融合的研究视角不仅促进了学科之间的交流和融合，也推动了学术研究的创新和发展。

第四章　古典文献的版本与鉴定

第一节　古典文献的版本类型

一、古典文献的手稿本与抄本

古典文献的手稿本与抄本，作为文化传承的重要载体，承载着丰富的历史信息与文化价值。它们不仅是古代文人墨客思想智慧的结晶，更是后世研究古代文学、历史、文化等领域不可或缺的第一手资料。

（一）手稿本与抄本的定义

手稿本又称原稿本或亲笔稿本，是指作者亲笔书写并保存下来的原始文稿。它直接反映了作者的创作过程、思想变化及书法风格，是了解作者思想最直接、最真实的材料。手稿本通常包括草稿和定稿两种形式。草稿是作者在创作过程中初步形成的文字记录，往往包含大量的涂改、增删痕迹；而定稿则是经过作者反复修改后最终确定的文稿，具有更高的完整性和准确性。

抄本又称抄录本或传抄本，是指从原稿或其他抄本中过录而成的文本。在古代，由于印刷技术尚未普及，书籍的传播主要依赖于手抄。因此，抄本在古典文献中占有重要地位。抄本的质量因抄手的水平而异，有的抄本字迹工整、错误较少，有的则字迹潦草、错误频出。但无论如何，抄本都是古代文献传承的重要方式之一。

（二）手稿本与抄本的特点

1.手稿本的特点

唯一性：手稿本是作者亲笔书写的唯一文本，具有不可复制性。

真实性：手稿本直接反映了作者的创作过程和思想变化，是研究作者思想、文学风格及历史背景的重要资料。

艺术性：手稿本的书法往往具有独特的艺术价值，尤其是那些由著名书法家书写的手稿本，更是书法艺术的珍品。

2.抄本的特点

传承性：抄本是古代文献传承的重要方式之一，通过抄写，古代文献得以广泛传播和保存。

多样性：由于抄手众多且水平不一，抄本在字体、排版、装帧等方面呈现出多样性。

复杂性：抄本在传抄过程中往往会产生错误和遗漏，需要校勘和整理才能恢复其原貌。

（三）手稿本与抄本的价值

1.学术价值

手稿本和抄本都是研究古代文学、历史、文化等领域的重要资料。它们提供了原始的文字记录和思想信息，有助于学者深入了解古代社会的各个方面。例如，通过手稿本可以研究作者的创作思想、文学风格及历史背景；通过抄本则可以了解古代文献的传播途径、版本演变及校勘情况。

2.文物价值

手稿本和抄本作为古代文化遗产的重要组成部分，具有极高的文物价值。它们不仅是历史的见证者，更是文化的传承者。许多珍贵的手稿本和抄本被收藏在博物馆、图书馆等文化机构中，成为展示古代文明的重要窗口。

3.艺术价值

手稿本和抄本在书法艺术上也具有独特的价值。许多手稿本由著名书法家书写，其书法风格独特、艺术价值极高；而抄本虽然多由普通抄手书写，但其中也不乏书法佳作。这些书法作品不仅展示了古代书法的艺术魅力，也为后人学习书法提供了宝贵的范本。

（四）手稿本与抄本的保护与传承

1.保护措施

数字化：利用现代数字技术对手稿本和抄本进行数字化处理，制作高清图像或电子版文档，以便长期保存和广泛传播。

修复与保养：对手稿本和抄本进行专业的修复与保养工作，包括去污、补全、加固等措施，以延长其使用寿命。

环境控制：为手稿本和抄本提供适宜的保存环境，如控制温湿度、防止光照和虫害等，以保护其不受损害。

2.传承方式

学术研究：鼓励学者对手稿本和抄本进行深入研究，挖掘其学术价值和文化内涵，推动相关学术领域的发展。

展览与交流：通过举办展览、讲座等活动，向公众展示手稿本和抄本的魅力，提高公众对文化遗产的认识和保护意识。

教育普及：将手稿本和抄本纳入教育内容，通过课堂教学、课外实践等方式，培养学生的文化素养和文物保护意识。

二、古典文献的刻本与活字本

在古典文献的保存与传播过程中，刻本与活字本作为两种重要的文献形式，各自承载着独特的历史意义与文化价值。它们不仅是古代知识与智慧的载体，也是印刷技术发展的见证者。

（一）刻本的定义与发展历程

1.定义

刻本，亦称刊本、椠本、镌本，均指雕版印刷而成的书本。它是通过雕刻木板或其他硬质材料制成印版，再刷墨印刷而成的书籍版本。刻本的出现，标志着印刷技术的一大飞跃，极大地促进了古代文献的保存与传播。

2.发展历程

早期萌芽：刻本的起源可以追溯到唐代，但当时主要以木版印刷佛经、历书等为主，规模较小且数量有限。

宋代兴盛：到了宋代，随着印刷技术的成熟和普及，刻本逐渐成为文献传播的主要形式。宋刻本以其刻印精美、校勘严谨而备受推崇，成为后世研究的重要资料。

元明清延续：元代、明代和清代继续发展了刻本技术，形成了各自独特的风格。如明代的官刻本和私刻本并存，清代则更加注重校勘和版本整理工作。

（二）活字本的定义与发展历程

1.定义

活字本是在雕版印刷的基础上发展而来的新型印刷方式。它采用活字排版技术，将单个字符制成活字，然后根据需要排列组合成版面进行印刷。活字本的出现大大提高了印刷效率，降低了成本，促进了书籍的广泛传播。

2.发展历程

萌芽期：活字印刷术的发明可追溯到北宋时期的毕昇，他发明了泥活字印刷术，但由于技术限制和材料问题，并未得到广泛应用。

发展期：明清时期，随着木活字、铜活字等新型活字的出现和技术的改进，活字印刷术逐渐得到推广。比如，明代的《永乐大典》就采用了木活字印刷术进行编纂和复制。

高峰期：清代时期，活字印刷术达到了高峰。比如，著名的《四库全书》就是采用活字印刷术进行编纂和印刷的巨著之一。

（三）刻本与活字本的特点

1. 刻本的特点

刻印精美：尤其是宋刻本，以刻印精细、版面整洁而著称。

校勘严谨：刻本在编纂过程中往往经过多次校勘和修订，具有较高的学术价值。

版式多样：由于时代、地域、刻书者等因素的不同，刻本在版式上呈现出多样性特点。

2. 活字本的特点

印刷效率高：活字印刷术可以重复使用活字进行排版和印刷，大大提高了印刷效率。

成本较低：相比雕版印刷术需要整版雕刻而言，活字印刷术的成本更低廉。

排版灵活：活字印刷术可以根据需要随时调整版面布局和字体大小等要素。

（四）刻本与活字本的价值

1. 学术价值

刻本和活字本都是古代文献的重要载体之一，它们为后世学者提供了宝贵的研究资料。通过对刻本和活字本的研究和分析，可以深入了解古代社会的政治、经济、文化等各个领域的发展状况。

2. 文化价值

刻本和活字本不仅具有学术价值，还具有重要的文化价值。它们承载着古代文化的精髓和特色，是传承和弘扬中华文化的重要载体之一。

3. 艺术价值

刻本和活字本在印刷技术和艺术表现上都具有独特的魅力。尤其是宋刻本和明清时期的活字本更是以其精美的印刷工艺和独特的艺术风格而著称于世。

（五）刻本与活字本在现代社会的应用

随着现代科技的不断发展和进步，刻本和活字本在现代社会中的应用也日益广泛。通过数字化技术将刻本和活字本进行扫描和存储可以实现对这些珍贵文献的长期保存和广泛传播。在学术研究领域，刻本和活字本仍然是重要的研究资料之一。学者们可以通过对这些文献的研究和分析来推动相关学科的发展和创新。刻本和活字本作为中华文化的重要组成部分之一，在文化传承方面发挥着重要作用。通过举办展览、讲座等活动可以让更多的人了解和认识这些珍贵文献所承载的文化内涵和价值观念。

三、古典文献的套印本与钤印本

在浩瀚的古典文献海洋中，套印本与钤印本以其独特的制作工艺和深厚的文化底蕴，成为古籍版本中的瑰宝。它们不仅承载着丰富的历史文化信息，还展现了古代印刷技术的卓越成就。

（一）套印本的定义与发展历程

1. 定义

套印本，顾名思义，是指用两种或两种以上颜色套印的书籍。这种印刷技术通过不同颜色的叠加，使书籍中的文字、图案等内容呈现出鲜明的色彩对比，增强了视觉效果和艺术美感。套印本的出现，标志着印刷技术的一大进步，为古籍的保存与传播增添了新的活力。

2. 发展历程

套印技术的起源可追溯到元代。据记载，元朝顺帝至元六年（1340），中兴路（今湖北江陵）资福寺刻印的《金刚经注解》是现存最早的套印本，该书采用了朱墨两色套印，卷首的《灵芝图》和经注色彩分明，为后世套印技术的发展奠定了基础。到了明代，套印技术得到了长足的发展，出现了三色、四色乃至五色套印本。这些套印本以其精美的印刷工艺和独特的艺术风格，深受藏书家和学者的喜爱。

随着印刷技术的不断进步，套印本在清代乃至近现代仍有所发展。特别是在清代，套印技术被广泛应用于各种古籍的印刷中，如经史子集、诗词歌赋、医书图谱等。这些套印本不仅具有较高的学术价值，还具有重要的艺术价值和收藏价值。

（二）钤印本的定义与发展历程

1. 定义

钤印本是指通过钤盖印章而形成的书本。在古代，文人墨客常常在书籍、书画作品上钤盖自己的印章，以示珍藏或作为身份的象征。随着时间的推移，这些带有印章的书籍逐渐形成了钤印本这一独特的文献形式。

2. 发展历程

钤印本的历史可以追溯到先秦时期，那时人们已经开始使用印章来标记物品或文件。然而，真正意义上的钤印本则出现在隋唐以后，随着纸张的普及和印刷技术的发展，书籍成为人们钤盖印章的主要对象。到了明清时期，钤印本更是达到了鼎盛阶段。许多文人学者不仅在自己的著作上钤盖印章，还热衷于收集、整理前人的印章和钤印本，形成了独特的印章文化和钤印本收藏热潮。

在现存的钤印本中，明隆庆年间顾从德所辑《集古印谱》具有重要的历史地位。该印谱不仅收录了众多古代印章的拓片，还附有详尽的释文考证和边款题跋，为后世研究印章艺术和篆刻文化提供了宝贵的资料。

（三）套印本与钤印本的特点

1. 套印本的特点

色彩丰富：套印本通过不同颜色的套印，使书籍中的文字、图案等内容呈现出鲜明的色彩对比，增强了视觉效果和艺术美感。

工艺精湛：套印技术对印刷工艺的要求极高，需要精确地对版和均匀的敷彩，以保证印刷效果的质量。

版本珍稀：由于套印技术的复杂性和成本高昂，套印本的印数往往有限，因此许多套印本都成了珍稀的版本。

2. 钤印本的特点

印记独特：每枚印章都具有独特的印文和印面设计，使得钤印本上的印记成为独一无二的标识。

文化内涵丰富：印章作为古代文人墨客身份和情趣的象征，钤印本上的印章往往蕴含着丰富的文化内涵和历史信息。

收藏价值高：由于钤印本具有独特的印记和丰富的文化内涵，因此具有很高的收藏价值。

（四）套印本与钤印本的价值

1. 学术价值

套印本和钤印本都是古代文献的重要载体之一，它们为后世学者提供了宝贵的研究资料。通过对套印本和钤印本的研究和分析，可以深入了解古代印刷技术的发展历程和特点，以及古代文人墨客的思想情感和文化追求。

2. 艺术价值

套印本以其精美的印刷工艺和独特的色彩搭配展现了古代艺术的魅力；而钤印本则通过印章的印文、印面设计和边款题跋等元素展现了古代篆刻艺术的精湛技艺和独特风格。这些艺术元素共同构成了套印本和钤印本独特的艺术价值。

3. 收藏价值

由于套印本与钤印本在制作工艺上的独特性和历史文化的深厚积淀，它们都具有极高的收藏价值。套印本以其色彩丰富、工艺精湛的特点，成为古籍收藏中的珍品。尤其是那些存世量稀少、印刷精美的套印本，更是被藏家们视为至宝，竞相收藏。而钤印本则因其独特的印记和丰富的文化内涵，吸引了众多文化爱好者和收藏家的关注。一枚珍贵的印章、一段历史的印记，都能让钤印本的价值倍增。

（五）套印本与钤印本在现代社会的意义

在现代社会，套印本与钤印本不仅是古籍文献的重要组成部分，更是中华优秀传统文化的重要载体。通过对这些古籍的研究和传播，可以让更多人了解古代文化的精髓和魅力，增强文化自信，促进文化的传承与发展。对学者而言，套印本与钤印本是研究古代印刷技术、篆刻艺术、文献学等领域的重要资料。通过对这些古籍的深入剖析，可以揭示古代社会的政治、经济、文化等各个方面的面貌，为学术研究提供丰富的素材和有力的支撑。套印本与钤印本在艺术上也有着独特的魅力。套印本的色彩搭配和图案设计展现了古代艺术的审美追求和创造力；钤印本的印章印文和印面设计则体现了古代篆刻艺术的精湛技艺和独特风格。这些艺术元素不仅具有观赏价值，还能激发人们的艺术灵感和创造力。

随着时间的推移，许多套印本与钤印本都面临着不同程度的损坏和流失。因此，加强对这些古籍的文物保护工作显得尤为重要。通过科学的修复技术和严格的保护措施，可以延长这些古籍的寿命，让它们得以传承后世。在现代科技的推动下，套印本与钤印本的数字化利用也成为可能。通过数字化技术将这些古籍进行扫描、处理和存储，可以实现对这些珍贵文献的长期保存和广泛传播。同时，数字化技术还可以为学者们提供更加便捷、高效的研究工具，推动学术研究的发展。

第二节　古典文献的版本鉴定方法

一、古典文献的版本特征分析法

古典文献作为中华文化的瑰宝，承载着丰富的历史、文化和学术价值。随着时间的推移，这些文献经历了多次的抄写、刻印和修订，形成了众多的版本。版本特征分析法作为一种系统而科学的研究方法，通过对不同版本的比较和分析，能够揭示文献的演变过程、作者的思想和历史背景，为学术研究提供重要的资料和依据。

（一）版本的定义与类型

1.版本的定义

版本，原指同一部书在编辑、传抄、刻板、排版、装订以及流通过程中所产生的各种形态的本子。根据叶德辉、毛春翔等学者的研究，版本的概念涵盖了从写本到印本，再到各种手抄本、刻本、活字本等多种形态。它不仅包括书籍的物质形态，还涉及书籍的内容、字体、版式、装帧等多个方面。

2. 版本的类型

古典文献的版本类型多样，主要包括以下几种：

写本：手写形式的文献，包括手稿本、清稿本和抄本。写本在唐代以前占据主导地位，如唐写本、唐卷子本等。

刻本：通过雕版印刷技术制成的书籍。根据时代不同，可分为唐本、五代本、宋本、明清本等。宋代是中国雕版印刷事业的昌隆时代，宋版书籍以其精美的印刷和纸张质量著称。

活字本：使用活字印刷技术制成的书籍，如明清时期的木活字本、铜活字本等。

套印本：采用多种颜色套印的书籍，色彩丰富、工艺精湛，具有很高的艺术价值。

钤印本：在书籍上加盖印章的版本，印章的印文、印迹、印色等特征成为鉴别版本真伪的重要依据。

（二）版本鉴别方法

版本鉴别是版本特征分析的基础，主要依据版本的内容、形式、印章、著录信息等方面进行判断。

观察版本的版式、字体、纸张、印刷工艺等方面，判断其年代和真伪。例如，宋版书籍的字体通常较为工整，纸张质量优良；明清版书籍则可能因时代不同而呈现出不同的风格特征。分析印章的印文、印迹、印色等特征，判断版本的归属和真伪。印章作为书籍身份的重要标识，其印文内容、印迹深浅、印色新旧等都能为版本鉴别提供重要线索。

查阅相关文献资料，了解版本的著录信息，如作者、序跋、题跋等，以辅助鉴别。这些著录信息往往能揭示版本的流传过程、修订情况等，为版本的鉴别提供有力支持。在实际操作中，往往需要综合运用以上多种鉴别方法，通过对比分析，综合判断版本的真伪和价值。

（三）版本特征分析

版本特征分析是版本特征分析法的核心环节，主要包括以下几个方面：

不同版本的文献在文字上存在差异，包括错别字、异体字、繁体字与简体字的差异等。通过对比分析这些差异，可以揭示版本的修订过程、作者的意图以及时代的文化特征。不同版本的文献在内容上也可能存在差异，如增删改易等情况。通过内容比较分析，可以了解版本的完整性和准确性，为学术研究提供可靠的资料。

版式和装帧是版本特征的重要组成部分。通过分析版式的变化、装帧的风格等，可以揭示版本的流传过程、地域特征以及印刷技术的发展状况。不同版本的文献在学术价值上存在差异。一些稀有版本对学术研究具有重要的参考价值，如宋版书籍、明清善本等。通过评估版本的学术价值，可以为学术研究提供重要的指导和支持。

（四）版本保护与利用

版本保护与利用是版本特征分析法的最终目的。随着科技的发展，数字化技术为版本保护与利用提供了新的途径。通过数字化扫描技术，将古典文献转化为电子格式，便于保存和传播。数字化保护不仅可以防止文献的物理损坏和遗失，还可以扩大文献的传播范围，提高文献的利用率。

对文献进行分类、编目、整理，建立完善的文献目录和索引系统。这有助于学者快速准确地查找所需文献，提高研究效率。对文献进行校勘、注释、整理等工作，提高文献的学术价值和利用价值。校勘可以纠正文献中的错误，注释则能解释文献中的难点和疑点，使文献更加易于理解和利用。

通过版本特征分析法，学者可以深入研究古典文献的演变过程、文化背景和学术价值，推动相关领域的学术发展。同时，建立学术交流平台，促进学者之间的合作与分享，共同推动古典文献研究的深入和广泛。古典文献作为中华文化的重要组成部分，其传承与教育具有重要意义。通过版本特征分析法，可以将这些珍贵的文献资源引入教育体系，让学生在学习过程中了解和感受中华文化的博大精深。同时，通过举办展览、讲座等活动，向公众普及古典文献知识，增强民族文化的认同感和自豪感。

随着信息技术的快速发展，数字化平台在古典文献的保护与利用中发挥着越来越重要的作用。可以开发专门的数字化平台，将古典文献的影像资料、研究成果、学术交流等内容进行整合，实现资源的共享与互动。同时，利用人工智能、大数据等先进技术，对古典文献进行深度挖掘和分析，为学术研究提供更加精准和全面的支持。

（五）面临的挑战与对策

在版本特征分析法的应用过程中，也面临着一些挑战，如文献资源的稀缺性、数字化技术的局限性、学术研究的复杂性等。针对这些挑战，可以采取以下对策：

加大对古典文献的搜集力度，尤其是那些稀有和珍贵的版本。同时，对已有的文献资源进行系统的整理和编目，建立完善的文献数据库和索引系统，为学术研究提供便利。加强数字化技术的研发和应用，提高数字化扫描、识别、处理等方面的精度和效率。同时，利用云计算、大数据等先进技术，对数字化文献进行深度挖掘和分析，为学术研究提供更加精准和全面的数据支持。

加大对古典文献研究的投入力度，鼓励学者深入研究文献的版本特征、学术价值和文化内涵。同时，加强人才培养工作，培养一批具有扎实学术功底和创新能力的研究人才，为古典文献的研究与传承提供有力的人才保障。古典文献的研究与传承需要国际社会的共同参与和支持。可以加强与国际学术机构的合作与交流，共同开展古典文献的研究与保护工作。通过国际合作与交流，借鉴国外先进的研究方法和经验，推动古典文献研究的国际化进程。

二、古典文献的版本源流考证法

作为中华民族的文化瑰宝，古典文献承载着丰富的历史信息与文化内涵。然而，由于历史变迁、传抄刊刻等多种原因，同一部古典文献往往存在多个版本，这些版本之间在内容、形式、传承等方面存在诸多差异。因此，对古典文献的版本源流进行考证，是揭示其真实面貌、理清学术脉络、推动文化传承的重要途径。

（一）版本源流考证的基本概念

版本源流考证，简而言之，就是通过对古典文献不同版本的比较、分析和研究，追溯其成书、流传、演变的过程，揭示各版本之间的内在联系和差异，从而确定其版本价值、学术地位及历史意义。这一过程不仅涉及文献学的专业知识，还需借助历史学、考古学、文献学等多个学科的理论与方法。

（二）版本源流考证的方法

版本源流考证的方法多种多样，但归纳起来，主要包括以下几个方面：

版本特征包括字体、版式、纸墨、装潢、牌记、刻工等多个方面。通过对不同版本这些特征的对比分析，可以初步判断其年代、地域、刻印质量等信息。例如，宋代刻本多以欧、颜、柳、赵等名家字体为主，版式疏朗，纸张洁白细腻；明清刻本则往往字体方正，版式紧凑，纸张泛黄。此外，装潢、牌记、刻工等细节也能为版本鉴定提供重要线索。序跋是古籍的重要组成部分，往往包含书籍的成书背景、编纂过程、版本源流等重要信息。研读序跋，可以了解书籍的编纂意图、版本演变轨迹及学术价值。同时，古代藏书家、校勘家也常在书中题写识语，记录版本信息、校勘心得等，这些题识也是版本源流考证的重要资料。

避讳是古代社会的一种特殊文化现象，通过考察文献中的避讳字，可以推断出文献的成书年代。例如，在宋代文献中，常需避讳宋太祖赵匡胤的"匡"字，以及历代皇帝的名讳；在清代文献中，则需避讳清朝历代皇帝的名讳。因此，通过对比不同版本中的避讳字使用情况，可以辅助判断其年代和传承关系。古籍目录和版本目录是记录古籍存佚、版本情况的重要工具。通过查阅这些目录，可以了解古籍在历史上曾出现过哪些版本、各版本的存佚情况、版本特点等信息。常用的古籍目录和版本目录包括《四库全书总目》《中国古籍善本书目》《中国丛书综录》等。

前人关于古典文献版本源流的研究成果是今人进行版本考证的重要参考。通过研读前人的研究著作、学术论文等，可以了解前人对某一文献版本源流的研究成果、观点及研究方法，从而为自己的研究提供思路和借鉴。

（三）版本源流考证的意义

通过版本源流考证，可以追溯文献的成书、流传、演变过程，揭示其真实面貌。这对于理解文献内容、把握学术脉络具有重要意义。同时，通过对比不同版本之间的差异，可以发现文献在传抄、刊刻过程中产生的错误和变化，为文献的校勘和整理提供重要依据。不同版本的古典文献在学术价值、艺术价值等方面存在差异。通过版本源流考证，可以评估各版本的优劣和价值，为学者选择合适的版本进行研究提供参考。同时，对于珍贵稀有的版本，还可以通过版本考证确定其版本价值和文化意义，为古籍保护和传承提供重要依据。

古典文献作为中华文化的重要组成部分，其传承与保护具有重要意义。通过版本源流考证，可以理清文献的学术脉络和文化内涵，为文化传承提供有力支持。同时，通过加强对古典文献的研究与宣传，可以激发公众对传统文化的兴趣和热爱，推动中华文化的传承与发展。

（四）版本源流考证的挑战

随着历史的变迁和自然灾害的影响，许多古典文献已经失传或损毁。这使版本源流考证工作面临着文献资源稀缺的挑战。为了克服这一挑战，需要加强对古籍的搜集、整理和保护工作，同时利用现代技术手段对古籍进行数字化处理和保存。版本源流考证涉及文献学、历史学、考古学等多个学科的知识和技能。这要求研究者具备广博的知识背景和深厚的学术素养。为了应对这一挑战，研究者需要不断学习新知识、掌握新技能，同时加强跨学科交流与合作，共同推动版本源流考证研究的发展。

版本源流考证往往需要对大量文献进行细致的对比、分析和研究，这一过程既耗时又费力。特别是在面对古籍文献时，由于年代久远、字迹模糊、版面复杂等原因，使得考证工作更加艰难。因此，研究者需要具备耐心、细致和严谨的态度，同时运用现代科技手段，如图像处理、数据分析等，来提高考证的效率和准确性。在版本源流考证的过程中，由于历史资料的不完整、文献记载的模糊及研究者主观判断的差异，往往会产生学术争议和不确定性。这种争议和不确定性不仅影响了考证结果的权威性，也增加了研究的难度。为了应对这一挑战，研究者需要保持开放的心态，广泛听取不同意见，同时加强学术交流和合作，通过集思广益来减少争议和不确定性。

三、古典文献的版本比较法

在浩瀚的中华文化遗产中，古典文献作为历史的见证者与传承者，承载着丰富的学术思想与文化遗产。然而，由于历史的变迁、传抄的误差、刊刻的差异等多种因素，同一部古典文献往往存在多个版本，这些版本在内容、形式、风格乃至传承脉络上各有千秋。因此，版本比较法成为古典文献研究中不可或缺的重要工具，它通过细致入微的比较分析，揭示各版本之间的异同，进而探讨文献的原始面貌、学术价值及历史变迁。

（一）版本比较法的基本概念

版本比较法，顾名思义，是指通过对古典文献不同版本之间进行全面、系统的比较分析，以揭示其异同点、判断版本优劣、追溯版本源流、评估学术价值的一种研究方法。它要求研究者具备扎实的文献学功底、敏锐的洞察力和严谨的分析能力，能够准确把握各版本的细微差别，从而得出科学、客观的结论。

（二）版本比较的内容

版本比较的内容广泛而深入，主要包括以下几个方面：

文字内容是古典文献的核心所在，也是版本比较的首要对象。研究者需逐字逐句地对比不同版本的文字内容，找出其中的异同点，如字词的增减、句式的变化、段落的调整等。这些差异可能源于传抄的误差、刊刻的失误，也可能反映了作者在不同阶段的修订意图或后世读者的校勘改动。版式与装帧是古典文献的外在表现形式，也是版本比较的重要内容。不同版本的版式可能因时代、地域、刻工等因素而有所差异，如字体风格、版面布局、行款字数等；装帧方面则包括书籍的装帧形式、纸张质地、印刷技术等。这些外在特征的差异有助于研究者判断版本的年代、地域及刻印质量。

序跋、题识与批注是古籍中常见的附加内容，它们往往包含了书籍的编纂背景、版本源流、校勘心得等重要信息。通过比较不同版本的序跋、题识与批注，研究者可以了解各版本之间的传承关系、校勘成果及学术价值。避讳是古代社会的一种特殊文化现象，通过避讳字的使用可以推断出文献的成书年代；而特殊符号（如校勘符号、标记符号等）则反映了后世读者对文献的校勘与解读。比较不同版本中的避讳字与特殊符号，有助于研究者进一步了解版本的传承脉络与学术价值。

（三）版本比较的方法

逐字逐句比对法是最基础也是最常用的版本比较方法。研究者需将不同版本的文字内容逐一对比，找出其中的异同点，并进行详细记录与分析。这种方法虽然烦琐耗时，但能够确保比较的全面性和准确性。

在逐字逐句比对的基础上，研究者可以对各版本的异同点进行归纳总结，提炼出具有普遍性和规律性的结论。这种方法有助于从宏观上把握各版本之间的内在联系与差异。利用图表等直观形式展示各版本之间的异同点，如表格、图示、流程图等。这种方法能够使复杂的比较结果变得清晰明了，便于研究者进行进一步的分析与讨论。版本比较法不仅涉及文献学领域的知识，还需要借助历史学、考古学、语言学等相关学科的理论与方法。通过跨学科的综合分析，可以更加全面地揭示各版本之间的内在联系与差异。

（四）版本比较法的意义

通过版本比较法，可以揭示古典文献在不同历史时期、不同地域、不同传承脉络下的真实面貌。这有助于研究者更加准确地理解文献内容、把握学术脉络。

不同版本的古典文献在学术价值、艺术价值等方面存在差异。通过版本比较法，可以评估各版本的优劣与价值，为学者选择合适的版本进行研究提供参考。古典文献作为中华文化的重要组成部分，其传承与保护具有重要意义。通过版本比较法的研究，可以理清文献的学术脉络和文化内涵，为文化传承提供有力支持。版本比较法的研究往往需要跨学科的合作与交流。通过加强学术交流与合作，可以促进不同学科之间的知识共享与思想碰撞，推动古典文献研究领域的繁荣发展。

（五）版本比较法的挑战

随着历史的变迁和自然灾害的影响，许多古典文献已经失传或损毁。这使版本比较法的研究面临着文献资源稀缺的挑战。为了克服这一挑战，研究者需要积极寻找并利用各种渠道获取文献资源，包括图书馆、博物馆、私人藏书、海外机构等，同时加强国际合作，共享文献资源。在版本比较过程中，版本鉴定是一个至关重要的环节。然而，由于历史原因和人为因素，许多古典文献的版本信息并不明确，甚至存在伪作和误传。因此，版本鉴定需要研究者具备深厚的文献学功底和敏锐的鉴别能力，同时结合多种证据进行综合判断，如字体风格、版式特征、避讳字使用、序跋题识等。

版本比较法的研究结果往往受到研究者主观判断的影响。不同的研究者可能基于不同的学术背景、研究目的和价值取向，对同一部文献的不同版本产生不同的看法和评价。因此，在版本比较过程中，研究者需要保持客观公正的态度，尽可能减少主观因素的干扰，同时加强学术交流与讨论，以形成更为广泛和深入的共识。尽管现代科技手段（如数字化技术、图像处理技术、数据分析技术等）为版本比较法的研究提供了有力支持，但它们仍存在一定的局限性。例如，数字化技术虽然可以实现对古籍文献的快速检索和比对，但在处理复杂版式、特殊符号等方面仍存在困难；图像处理技术虽然可以提高文献图像的清晰度和可读性，但在还原古籍原貌方面仍有不足。因此，研究者需要灵活运用多种技术手段，并结合传统的研究方法，以取得更为全面和准确的研究成果。

第三节　古典文献的真伪辨别

一、古典文献内容的真实性分析

古典文献作为历史长河中留下的珍贵文化遗产，承载着先人的智慧、思想与情感，是后人了解过去、探索历史的重要窗口。然而，由于时代变迁、传承过程中的种种因素，古典文献的内容真实性往往受到质疑。因此，对古典文献内容的真实性进行深入分析，不仅是学术研究的基本要求，也是文化传承与发展的重要保障。

（一）古典文献内容真实性的重要性

古典文献是历史研究的重要资料来源，其内容的真实性直接关系到历史认知的准确性和深度。只有确保文献内容的真实可靠，才能构建出客观、准确的历史框架，为后人提供正确的历史借鉴。在人文社科领域，古典文献是学者进行研究的基础资料。文献内容的真实性直接影响到研究成果的可信度与学术价值。虚假的文献内容不仅会导致研究结论的偏差，还会损害学术研究的严肃性和公信力。

古典文献是民族文化的重要组成部分，其内容的真实性对于文化传承具有重要意义。只有真实可靠的文献才能准确传达先人的思想、情感与智慧，为后人提供丰富的精神滋养和文化认同。

（二）影响古典文献内容真实性的因素

古典文献在长期的传承过程中，由于抄写、刻印、保存等环节的失误，往往会产生一些误差。这些误差可能表现为文字的增减、句式的变化、段落的调整等，从而影响文献内容的真实性。为了某种政治、宗教或学术目的，后世可能会对古典文献进行篡改或伪造。这种人为的干预往往会导致文献内容的失真，甚至完全背离原文的意图。

历史文化背景的变迁也会影响古典文献内容的真实性。随着时代的进步和社会的发展，人们的观念、价值取向和审美标准都会发生变化。这种变化可能会导致对古典文献的解读产生偏差，进而影响其内容的真实性。

（三）古典文献内容真实性的分析方法

通过对比不同版本的古典文献，可以发现其中的异同点，进而判断文献内容的真实性。版本比较法要求研究者具备扎实的文献学功底和敏锐的鉴别能力，能够准确识别不同版本之间的差异及其原因。历史考证法是通过查阅相关历史资料、文献记载和考古发现等，对古典文献的内容进行验证和补充。这种方法有助于揭示文献背后的历史背景和文化内涵，为判断文献内容的真实性提供有力支持。

语言学分析法是通过分析古典文献的语言特点、词汇用法、句式结构等，来推断文献的成书年代、作者身份及传承脉络。这种方法要求研究者具备深厚的语言学功底和敏锐的语言感知能力，能够准确捕捉文献中的语言信息并做出合理推断。古典文献的内容往往涉及多个学科领域的知识和理论。因此，在分析古典文献内容的真实性时，需要采用跨学科的综合方法，结合历史学、文献学、考古学、语言学等多个学科的研究成果进行综合分析。

（四）应对古典文献内容真实性问题的策略

通过系统的文献整理与校勘工作，可以最大限度地减少传承过程中的误差和失真现象。研究者应利用现代科技手段如数字化技术、图像处理技术等提高文献整理的效率和准确性；同时加强校勘工作的规范化和标准化建设，确保校勘结果的可靠性和权威性。为了更全面、准确地了解古典文献的内容及其背景信息，研究者应积极拓展文献来源与渠道。这包括加强国内外图书馆、博物馆等机构的合作与交流；利用互联网等现代信息技术手段获取更多的文献资源；同时关注私人藏书、海外机构等渠道中的珍贵文献资源。

古典文献内容的真实性分析需要跨学科的合作与交流。研究者应加强与历史学、考古学、语言学等相关学科领域学者的沟通与合作；通过共同举办学术会议、开展合作研究项目等方式促进学术交流与知识共享；同时关注跨学科研究成果在古典文献研究中的应用与推广。提高公众对古典文献内容真实性的认知与参与度也是应对该问题的重要策略之一。通过举办展览、讲座、出版普及读物等方式向公众普及古典文献知识及其重要性；同时鼓励公众参与文献整理与校勘工作以及相关的学术研究与讨论活动；通过公众的广泛参与和关注推动古典文献研究的深入发展。

二、古典文献形式的真实性考察

古典文献作为人类历史长河中璀璨的明珠，不仅承载着丰富的思想内容，还以其独特的物质形态——文献形式，展现了不同历史时期的文化风貌与技艺水平。文献形式的真实性，不仅关乎文献本身的完整性与原始性，更是理解其背后文化内涵、传承脉络及历史价值的重要窗口。

（一）古典文献形式的定义与重要性

1.定义

古典文献形式指的是文献在物质层面所呈现出的具体形态，包括但不限于载体材料（如竹简、丝帛、纸张等）、书写工具（如毛笔、硬笔、刻刀等）、装帧方式（如卷轴装、经折装、蝴蝶装等）、字体风格（如篆书、隶书、楷书等）以及版式布局等。这些元素共同构成了文献的外在特征，是文献真实性的重要组成部分。

2. 重要性

（1）历史见证：文献形式作为历史时期的产物，直接反映了当时的生产力水平、文化观念及审美取向，是历史研究的重要实物资料。

（2）文化传承：不同的文献形式承载着特定的文化信息，如书法艺术的演变、装帧技艺的传承等，对于维护文化多样性和促进文化交流具有重要意义。

（3）学术价值：文献形式的真实性对于学术研究至关重要，它直接影响到对文献内容的解读和判断，是确保研究成果准确性的基础。

（二）影响古典文献形式真实性的因素

1. 自然因素

时间流逝、环境变化等自然因素会对文献形式造成不同程度的损害，如纸张老化、虫蛀鼠咬、水渍污渍等，都会破坏文献的原始形态，影响其真实性。

2. 人为因素

（1）修复与装帧：在文献的修复与装帧过程中，若采用不当的方法或材料，可能会改变文献的原始形态，甚至造成二次损害。

（2）篡改与伪造：出于某种目的，有人可能会对古典文献进行篡改或伪造，包括更改字体风格、版式布局等，以掩盖或歪曲文献的真实面貌。

3. 技术因素

随着科技的发展，数字化技术在古典文献保护与研究中的应用日益广泛。然而，数字化过程中的扫描、识别、处理等环节也可能对文献形式的真实性产生影响，如色彩失真、细节丢失等。

（三）古典文献形式真实性的考察方法

通过直接观察文献的载体材料、书写工具、装帧方式等外在特征，初步判断其真实性。这种方法简单直观，但受观察者主观判断影响较大。将待考察的文献与已知真实可靠的同类文献进行对比分析，从字体风格、版式布局、装帧方式等方面寻找异同点，以判断其真实性。这种方法需要研究者具备丰富的专业知识和实践经验。

利用现代科技手段对文献进行科学检测，如通过光谱分析、显微观察等方法检测载体材料的成分与结构；通过 X 射线荧光光谱分析等方法检测墨迹成分与年代等。这种方法具有较高的准确性和客观性，但成本较高且操作复杂。结合历史文献记载、考古发现及学术研究成果，对文献形式进行综合考证。通过考察文献的成书背景、作者身份、流传经历等因素，推断其形式的真实性。这种方法需要研究者具备深厚的文献学功底和广泛的学术视野。

（四）保护古典文献形式真实性的策略

建立健全相关法律法规体系，明确古典文献的保护范围、保护措施及法律责任等，为古典文献形式的真实性保护提供法律保障。加强古典文献修复技术的研发与应用，提高修复人员的专业技能和素质水平。在修复过程中坚持"最小干预"原则，尽可能保留文献的原始形态和风貌。

利用数字化技术对古典文献进行高保真度的数字化复制与存储，建立数字化资源库和数据库平台。通过数字化手段实现文献形式的永久保存与便捷传播，同时避免实体文献在传阅过程中可能遭受的损害。通过举办展览、讲座、出版普及读物等方式向公众普及古典文献知识及其重要性，提高公众对古典文献形式真实性的认识和保护意识。同时鼓励公众参与古典文献的保护与研究工作，形成全社会共同关注、共同参与的良好氛围。

三、古典文献流传过程的真实性追溯

古典文献作为历史的见证和文化的载体，其流传过程的真实性一直是学术界关注的焦点。在古代，由于技术条件的限制，文献的保存和传承面临着诸多挑战，但其真实性仍然在很大程度上得以保留。

（一）古典文献的保存与编纂

中国古代文人很早便形成了保存文稿、编纂文集的传统。这一传统可追溯到魏晋时期，随着文学创作的繁荣，个人文集（别集）逐渐兴起。如西晋时期出现的《晋燕乐歌辞》《古今五言诗美文》等早期诗集，标志着文人开始有意识地追求文学成就，并希望通过编纂文集来确立自己的名望。唐代诗人如李白、杜甫等，更是将编纂文集视为文人生涯的重要工作。例如，杜甫晚年自编全集多达 60 卷，白居易则编纂了多达 75 卷的诗文全集，被分散到多处寺庙保存，以确保其作品的流传。

随着历史的演进，文献的编纂方式也不断发展。在汉代，目录文献（如《七略》和《汉书·艺文志》）主要记录单篇诗赋的篇目，而多卷著作（如《春秋繁露》《淮南子》等）则属于儒家经典或诸子百家类书籍。到了魏晋南北朝时期，个人文集开始盛行，文人们不仅按文体分类收录文章，还注重个人风格的展现。唐代以后，随着印刷术的发明和普及，文献的编纂和保存更加便捷，文人编纂文集的风气也更加浓厚。

（二）文献真实性的考察方法

为了验证古代文献的真实性，研究人员通常会从多个不同来源获取相关文献进行比对。如果多个来源的文献都提到了同一个事件或人物，那么这个事件或人物的真实性就相对较高。这种方法在历史学研究中尤为常见，通过对不同文献的相互印证，可以大大提高历史事件的可靠性。了解文献的作者身份和立场对于判断其真实性至关重要。某些文献可能带有特定的立场或目的，因此需要对其进行审慎分析。例如，官方编纂的文献可能会为统治者美化形象或宣传政策，而私人文献则可能更多地反映作者的个人观点和经历。通过对作者身份和立场的深入了解，可以更加准确地判断文献的真实性和可信度。

文献的编纂时期也是衡量其真实性的重要因素。如果文献是近期编纂的，与事件发生时间相对较近，那么其真实性可能较高。相反，如果文献是远古时期编纂的，则需要更多的证据来支持其真实性。此外，还需要关注文献在流传过程中是否经历了篡改或失真等问题。除了文献本身外，还需要将文献记载与其他形式的证据进行对比。例如，考古学发现、地理证据和口述传统等都可以为文献中的事件提供支持或否定。在考察古代文献的真实性时，需要综合运用多种证据进行综合分析，以确保结论的准确性和可靠性。

（三）古代文献与考古发现的互证

在考察古代文献的真实性时，考古文物提供了重要的实物证据。通过将考古文物与文献记载进行对比分析，可以验证文献记载的真实性。例如，在商周时期的考古发掘中发现了大量青铜器铭文和甲骨文等文字资料，这些资料与《史记》等文献记载相互印证，证明了文献记载的历史事件和人物的真实性。

在学术研究中，常常采用二重证据法或四重证据法来验证古代文献的真实性。二重证据法是指将文献记载与考古发现相结合进行验证；而四重证据法则是在此基础上增加了基因学和语言学两个方面的证据。通过多学科的交叉验证，可以更加全面地揭示古代社会的真实面貌和历史文化内涵。

（四）古典文献学的历史演变与发展

古典文献学是研究古代文献的学科，其萌芽可以追溯到古代社会。随着文字的发明和发展，古代文献的数量和种类逐渐增多，古典文献学开始形成并逐渐成为一个独立的学科。在中国，古代文献的整理和研究始于汉代，当时就有了著名的《毛诗》和《尚书》等文献。在欧洲，古希腊和古罗马的文献成为古典文献学的主要研究对象。

古典文献学在中世纪时期经历了一个重要的发展阶段。随着文艺复兴运动的兴起，人们开始重新研究和传播古希腊和古罗马的经典著作，古典文献学因此得到了很大的发展。此后，古典文献学逐渐发展壮大，形成了独特的研究方法和体系。

第四节 古典文献的价值评估

一、古典文献的学术价值评估

古典文献作为人类历史长河中璀璨的明珠，承载着丰富的文化遗产与深邃的思想智慧，其学术价值不言而喻。这些文献不仅是我们理解古代社会、政治、经济、文化、科技等多个领域的重要窗口，也是推动现代学术研究、促进文化交流与融合的重要基石。

（一）历史价值：重构历史面貌的基石

古典文献是历史的直接记录者，它们以文字、图像、符号等形式，生动地再现了古代社会的风貌、政治制度的演变、经济活动的轨迹以及重大历史事件的经过。通过对古典文献的深入研究，学者们能够还原历史的真实面貌，揭示历史发展的内在规律，为后人提供宝贵的历史借鉴。例如，《史记》作为中国历史上第一部纪传体通史，不仅详细记载了从上古传说中的黄帝时代到汉武帝太初四年间共 3000 多年的历史，还开创了以"本纪""表""书""世家""列传"五体结构叙事的史书体裁，对后世史学和文学都产生了深远的影响。

（二）思想价值：传承与创新的源泉

古典文献中蕴含着丰富的思想资源，它们代表了古代先贤对宇宙、人生、社会等问题的深刻思考和独特见解。这些思想成果不仅在当时具有指导意义，而且对后世产生了深远的影响，成为推动社会进步和文明发展的重要力量。例如，儒家的"仁爱""礼制"思想，道家的"无为而治""道法自然"理念，墨家的"兼爱非攻"主张等，都是古代文献中思想价值的集中体现。这些思想不仅为古代社会提供了精神支撑，也为现代社会的道德建设、政治治理、文化创新等方面提供了有益的启示。

（三）文化价值：传承文化基因的载体

古典文献是民族文化的重要载体，它们记录了民族的历史、传统、习俗、信仰等文化元素，是民族文化传承和发展的重要基础。通过对古典文献的解读和传承，我们可以更好地理解民族文化的精髓和特色，增强民族认同感和自豪感。同时，古典文献也是文化交流与融合的重要媒介。不同民族、不同国家之间的古典文献相互借鉴、相互融合，促进了世界文化的多样性和繁荣。例如，《诗经》作为中国最早的诗歌总集，不仅反映了周代社会的风土人情和人民的生活状态，还对中国乃至东亚地区的文学、艺术、哲学等领域产生了深远的影响。

（四）科学价值：探索自然与社会的钥匙

古典文献中不乏对自然现象、科学技术、医学知识等方面的记载和描述。这些记载虽然受到当时科技水平的限制，但往往蕴含着朴素的科学思想和探索精神。通过对古典文献中科学内容的挖掘和整理，我们可以了解古代人对自然界的认知水平和科技成就，为现代科学研究提供有益的参考和启示。例如，《本草纲目》作为中国古代药物学的集大成之作，不仅详细记载了上千种药物的性味、功效和用法，还反映了古代中医药学的独特理论体系和诊疗方法，对现代中药学、药理学等领域的研究具有重要的参考价值。

（五）艺术价值：审美与创造的典范

古典文献中的文学作品、艺术作品等不仅具有深刻的思想内涵和丰富的文化内涵，还展现出高超的艺术技巧和独特的审美价值。这些作品以其独特的艺术风格和表现形式，成为后世艺术家们学习和借鉴的典范。例如，《红楼梦》作为中国古典小说的巅峰之作，以其丰富的人物形象、深刻的社会洞察力和精湛的艺术手法，赢得了广泛的赞誉和深远的影响。它不仅是中国文学史上的一座丰碑，也是世界文学宝库中的瑰宝之一。

二、古典文献的文化价值评估

古典文献作为历史长河中积淀下来的宝贵遗产，不仅是知识的载体，更是文化的传承者与塑造者。它们跨越时空的界限，将古人的智慧、信仰、审美、价值观等文化元素传递给后世，成为连接过去与未来的桥梁。

古典文献是文化传承的重要载体，它们记录了民族的历史、传说、神话、习俗、礼仪、道德观念等文化元素，是民族文化基因的宝库。这些文献通过世代相传，使得民族文化得以延续和发展。例如，中国的《诗经》《楚辞》等文学作品，不仅展现了古代社会的风貌和人民的生活状态，还蕴含了丰富的文化意蕴和民族精神，成为中华民族文化的重要组成部分。通过研读这些古典文献，我们可以更好地理解民族文化的精髓和特色，从而增强文化自觉和文化自信。

古典文献在塑造和强化民族文化认同方面发挥着不可替代的作用。它们通过讲述共同的历史记忆、弘扬共同的价值观、传承共同的信仰和习俗，使得民族成员之间产生强烈的归属感和认同感。这种认同感是民族凝聚力的源泉，也是民族文化传承和发展的基础。例如，古希腊的《荷马史诗》不仅描绘了英雄主义的光辉形象，还传递了古希腊人对自由、勇敢、智慧等价值观的追求和崇尚，为古希腊文化的传承和认同提供了重要支撑。

古典文献是展示文化多样性的重要窗口。不同民族、不同地域的古典文献各具特色，反映了各自独特的文化风貌和审美取向。这些文献通过语言、文字、艺术等形式展现了文化的多样性和丰富性，为后世提供了了解不同文化、促进文化交流与融合的机会。例如，中国的四大名著《三国演义》《水浒传》《西游记》《红楼梦》与西方文学中的《哈姆雷特》《浮士德》等作品，虽然文化背景和表现手法截然不同，但都以其独特的艺术魅力和文化价值吸引了全球读者的关注和喜爱。

古典文献不仅是文化传统的守护者，更是文化创新的源泉。它们为后世的文化创作提供了丰富的素材和灵感，激发了艺术家们的创造力和想象力。通过对古典文献的重新解读和再创造，艺术家们能够创作出具有时代特色和文化内涵的新作品，推动文化的创新和发展。例如，现代电影、戏剧、音乐等艺术形式中经常可以看到古典文献的影子，它们通过改编、演绎等方式将古典文献中的故事、人物、情感等元素融入到新的艺术作品中，使传统文化焕发出新的生机和活力。

古典文献的文化影响是深远而持久的。它们不仅在本民族内部产生了深远的影响，还跨越国界和地域限制，对全球文化产生了重要的影响。例如，中国的儒家思想、道家哲学等通过古典文献的传播和影响，不仅在中国本土得到了广泛的传承和发展，还传播到东亚、东南亚等地区，成为这些地区文化的重要组成部分。同时，西方的古典文献如《圣经》、古希腊罗马文学等也对全球文化产生了深远的影响，推动了世界文化的交流与融合。

古典文献的文化价值并非一成不变，而是随着时代的变迁不断发展和丰富。不同历史时期的人们对古典文献的解读和阐释往往带有各自的时代特色和价值观念。因此，在评估古典文献的文化价值时，我们需要充分考虑其时代性特征，从多个角度、多个层面进行深入分析和探讨。例如，在现代社会背景下，我们可以从全球化、信息化、多元化等角度重新审视古典文献的文化价值，挖掘其与现代社会的契合点和共鸣点，为当代文化建设提供有益的借鉴和启示。

三、古典文献的社会价值评估

古典文献作为历史与文化的积淀，承载着丰富的智慧与经验，其社会价值不可估量。这些文献不仅为我们提供了深入了解古代社会的窗口，更在现代社会中发挥着重要的教育、启迪、指导与传承作用。下面将从历史认知、文化传承、社会教育、道德教化、政策参考及国际交流等多个方面，对古典文献的社会价值进行全面评估。古典文献是历史的直接记录者，它们详细描绘了古代社会的政治、经济、文化、科技等多个领域的面貌。通过对古典文献的研究，我们可以更加全面、深入地了解历史事件的来龙去脉，把握历史发展的脉络和规律。这种历史认知的深化，不仅有助于我们更好地理解古代社会，还能为现代社会的建设和发展提供宝贵的借鉴和启示。例如，通过研究《史记》《资治通鉴》等史书，我们可以了解中国古代的政治制度、社会变迁和文化传承，为当代的政治体制改革、社会治理和文化创新提供历史依据。

古典文献是文化传承的重要纽带，它们蕴含着丰富的文化内涵和精神价值。这些文献通过代代相传，将民族的历史、智慧、信仰、价值观等文化元素传递给后世，成为民族文化的重要组成部分。通过学习和传承古典文献，我们可以更好地理解和认同自己的民族文化，增强民族自豪感和凝聚力。同时，古典文献也是文化交流与融合的重要媒介，它们促进了不同民族、不同文化之间的相互了解和交流，推动了世界文化的多样性和繁荣。古典文献在社会教育中发挥着重要作用。它们不仅是历史、文学、哲学等学科的重要教学材料，也是培养学生人文素养、审美能力和批判性思维的重要资源。通过学习和研读古典文献，学生可以了解历史、拓宽视野、陶冶情操、提升素质。例如，在古代文学作品的教学中，教师可以通过引入《诗经》《楚辞》等古典文献，让学生感受古代文学的魅力和内涵，培养学生的文学素养和审美能力。同时，古典文献中的道德观念和哲学思想也可以作为德育教育的素材，引导学生树立正确的价值观和人生观。

古典文献在道德教化方面也具有重要作用。它们通过讲述历史故事、塑造人物形象等方式，传递了丰富的道德观念和伦理思想。这些道德观念和伦理思想不仅在当时社会具有指导意义，而且对后世产生了深远的影响。例如，《论语》中的"仁爱""礼制"思想，《道德经》中的"无为而治""道法自然"理念等，都是古代文献中道德教化的重要内容。通过学习和传承这些道德观念和伦理思想，我们可以引导人们树立正确的道德观念和行为准则，促进社会的和谐与稳定。

古典文献中的治国理政之道、经济管理经验等也为现代社会的政策制定提供了有益的参考和借鉴。例如，《孙子兵法》中的军事策略和管理思想不仅被广泛应用于现代军事领域，还被引入到企业管理、市场竞争等领域;《史记》中的历史案例和人物故事也为现代政治体制改革、社会治理提供了历史依据和启示。通过对古典文献的深入研究和挖掘，我们可以发现其中蕴含的智慧和经验，为现代社会的政策制定提供有力的支持。古典文献在国际交流中也发挥着重要作用。它们作为中华文化的重要代表之一，通过翻译、传播等方式走向世界舞台，与不同文化背景下的读者产生共鸣和交流。这种跨文化的交流与对话不仅增进了不同国家、不同民族之间的了解和友谊，还推动了世界文化的多样性和繁荣。例如，《红楼梦》《水浒传》等中国古典文学作品被翻译成多种语言并在世界各地传播广泛;同时中国的古典哲学思想如儒家、道家等也受到了国际社会的关注和研究。这些交流不仅提升了中华文化的国际影响力，还促进了全球文化的共同发展和繁荣。

四、古典文献的市场价值评估

古典文献作为人类文化遗产的瑰宝，不仅承载着丰富的历史、文化和学术价值，其市场价值也日益受到关注。随着文化产业的蓬勃发展和收藏市场的日益繁荣，古典文献的市场价值评估成了一个复杂而重要的议题。

（一）市场需求分析

市场需求是古典文献市场价值评估的基础。随着人们文化素质的提高和审美趣味的多元化，越来越多的收藏家和投资者开始关注古典文献。他们不仅追求文献的历史价值和学术价值，还看重其艺术价值和收藏潜力。此外，随着数字化时代的到来，古典文献的数字化产品也受到了市场的青睐，进一步推动了古典文献市场的发展。

个人收藏需求：古典文献作为独特的文化艺术品，具有极高的收藏价值。许多收藏家将古典文献视为珍贵的文化遗产，愿意花费巨资购买和收藏。

学术研究需求：学术界对古典文献的需求持续增长。研究人员需要借助古典文献来深入研究历史、文化、哲学等领域的问题，推动学术研究的进步。

教育市场需求：教育机构也需要古典文献作为教学资料，以培养学生的文化素养和学术能力。

（二）稀缺性分析

稀缺性是决定古典文献市场价值的重要因素之一。由于古典文献的数量有限且大多年代久远，保存完好的古典文献更是凤毛麟角。因此，稀缺性成为推高古典文献市场价值的关键因素。

存世量稀少：许多古典文献在漫长的历史长河中已经散佚或损毁，存世量极为有限。这种稀缺性使得古典文献的市场价值倍增。

版本差异：不同版本的古典文献在内容、装帧、印刷等方面存在差异，这些因素都会影响其市场价值。例如，孤本、善本、珍本等稀有版本往往具有更高的市场价值。

（三）历史价值评估

古典文献的历史价值是其市场价值的重要组成部分。历史价值主要体现在文献所记录的历史事件、人物、思想等方面，这些元素对于研究历史、传承文化具有重要意义。

历史事件的记录：古典文献中往往记录了大量的历史事件和人物事迹，这些记录对于还原历史真相、研究历史规律具有重要意义。

思想文化的传承：古典文献中蕴含着丰富的思想文化和价值观念，这些元素对于传承和弘扬民族文化、促进文化交流具有重要意义。

（四）学术价值评估

古典文献的学术价值也是其市场价值的重要体现。学术价值主要体现在文献的学术研究价值、学术贡献等方面。

学术研究价值：古典文献为学术研究提供了丰富的资料和素材，推动了学术研究的进步和发展。许多学者通过研究古典文献取得了重要的学术成果和突破。

学术贡献：古典文献的学术贡献不仅体现在对某一学科领域的推动上，还体现在对整个人类文明进程的贡献上。许多古典文献所蕴含的思想和观念对后世产生了深远的影响。

（五）艺术价值评估

古典文献的艺术价值也是其市场价值的重要组成部分。艺术价值主要体现在文献的装帧设计、书法艺术、绘画艺术等方面。

装帧设计：古典文献的装帧设计往往精美绝伦，体现了古代工匠的精湛技艺和审美追求。这些装帧设计不仅具有实用价值，还具有很高的艺术价值。

书法艺术：许多古典文献的书写采用了古代书法艺术形式，如楷书、行书、草书等。这些书法作品不仅具有文字记录的功能，还具有很高的艺术欣赏价值。

绘画艺术：一些古典文献中还配有精美的插图和绘画作品。这些作品不仅丰富了文献的内容，还提升了文献的艺术价值。

（六）市场趋势分析

随着文化产业的不断发展和市场需求的持续增长，古典文献的市场价值呈现出稳步上升的趋势。未来古典文献市场的发展将受到以下几个方面的影响：

数字化趋势：随着数字化技术的不断发展，古典文献的数字化产品将越来越多地出现在市场上。这些数字化产品不仅方便了人们的阅读和研究，还拓宽了古典文献的传播渠道和市场空间。

国际化趋势：随着全球化的不断深入，古典文献的国际交流也将越来越频繁。越来越多的国际收藏家和投资者开始关注中国古典文献市场，这将推动中国古典文献市场的国际化进程。

专业化趋势：随着市场的不断成熟和竞争的加剧，古典文献市场的专业化程度将不断提高。专业机构和专业人才将逐渐成为市场的主导力量，推动市场的规范化和专业化发展。

第五节　古典文献的收藏与保护

一、古典文献收藏机构的类型与特点

古典文献作为历史与文化的瑰宝，其保存与传承离不开各类收藏机构的努力。这些机构不仅承担着保护古籍的重任，还通过展示、研究等方式，让古典文献的价值得以彰显。

（一）古典文献收藏机构的类型

根据功能、性质和隶属关系的不同，古典文献收藏机构可以大致分为以下几类：

公共图书馆是古典文献收藏的重要机构之一。它们通常拥有丰富的古籍资源，包括珍贵的善本、孤本等。公共图书馆的古籍收藏不仅数量庞大，而且种类繁多，涵盖了历史、文学、哲学、艺术等多个领域。这些古籍资源不仅为学术研究提供了重要支撑，还为广大读者提供了丰富的阅读选择。例如，国家图书馆、上海图书馆等，都是国内外知名的古籍收藏单位。高校图书馆也是古典文献收藏的重要力量。它们通常根据学校的教学和科研需求，收藏了大量与学科相关的古籍资源。这些古籍资源不仅有助于提升学生的文化素养，还为教师的学术研究提供了重要参考。高校图书馆的古籍收藏往往具有专业性强的特点，能够满足特定学科领域的研究需求。

文博单位图书馆，如博物馆、纪念馆等附属的藏书机构，也收藏了大量的古典文献。这些机构通常将古籍作为文物的一部分进行收藏和保护，并通过展览等方式向公众展示。文博单位图书馆的古籍收藏往往与博物馆的展览主题密切相关，能够为观众提供更加全面、深入的历史文化知识。宗教单位图书馆，如佛教寺庙、道教道观等附属的藏经阁，也收藏了大量的古典文献。这些文献主要包括佛经、道藏等宗教经典及其注释、研究著作等。宗教单位图书馆的古籍收藏具有浓厚的宗教色彩和独特的文化价值，对于研究宗教历史、宗教文化等具有重要意义。

私家藏书楼是中国古代藏书文化的重要组成部分。它们由私人出资建设和管理，主要收藏个人的藏书。私家藏书楼往往具有浓厚的个人色彩和独特的藏书风格，反映了藏书家的文化品位和学术追求。虽然现代私家藏书楼的数量相对较少，但它们在古籍收藏和保护方面仍然发挥着重要作用。

（二）古典文献收藏机构的特点

古典文献收藏机构通常拥有丰富的古籍资源，涵盖了历史、文学、哲学、艺术等多个领域。这些古籍资源不仅数量庞大，而且种类繁多，包括善本、孤本、抄本、刻本等多种版本形式。这些丰富的古籍资源为学术研究提供了重要支撑，也为广大读者提供了丰富的阅读选择。

古典文献收藏机构通常采取严密的保护措施和管理规范来确保古籍的安全和完整。它们通常设有专门的古籍保护部门或岗位，负责古籍的日常保养、修复和保管工作。同时，这些机构还制定了严格的借阅、复制等管理制度，以防止古籍的损坏和流失。例如，宁波天一阁就制定了"代不分书，书不出阁"的严格规定，确保了藏书的安全和永续传承。古典文献收藏机构往往具有浓厚的学术研究氛围。它们不仅收藏了大量的古籍资源，还吸引了众多学者前来研究和交流。这些机构通常设有专门的学术研究机构或部门，负责古籍的整理、研究和出版工作。同时，它们还定期举办学术讲座、研讨会等活动，促进学术交流与合作。这种浓厚的学术研究氛围为古籍的深入挖掘和广泛传播提供了有力支持。

古典文献收藏机构通常通过展览展示等形式向公众传播古籍文化。它们利用现代科技手段如数字化展示、虚拟现实等提升观众的参观体验。同时，这些机构还注重展览的策划和设计工作，力求通过精美的展览布局和生动的展览内容吸引观众的眼球。这种多样化的展览展示形式不仅有助于提升公众对古籍文化的认识和兴趣，还有助于推动古籍文化的传承和发展。随着全球化的不断深入和文化交流的日益频繁，古典文献收藏机构之间的国际合作与交流也日益增多。它们通过互访、展览、研究合作等方式加强联系和沟通，共同推动古籍文化的传承和发展。这种国际合作与交流不仅有助于拓宽视野和思路，还有助于提升古籍收藏机构的国际影响力和知名度。

二、古典文献收藏与保护的原则与方法

古典文献作为人类文化遗产的重要组成部分，承载着丰富的历史、文化和学术价值。因此，其收藏与保护显得尤为重要。

（一）古典文献收藏与保护的原则

古典文献的收藏与保护应尊重历史，保持文献的原貌和真实性。在收藏过程中，应尽量选择原始、完整、未经篡改的文献；在保护过程中，应遵循"修旧如旧"的原则，尽可能恢复文献的原始状态。这一原则确保了古典文献得以真实、完整地传承给后代。

古典文献的收藏与保护应遵循科学的方法和手段。这包括采用先进的科学技术对文献进行鉴定、修复和保护；建立科学的文献管理制度，确保文献的保存环境和条件符合科学要求；开展科学研究，不断探索和完善古典文献收藏与保护的新方法、新技术。古典文献的收藏与保护应具有系统性。这要求从文献的收集、整理、鉴定、修复、保管到利用等各个环节都应有明确的规定和操作流程。同时，还应注重文献之间的关

联性和整体性，建立系统的文献目录和索引体系，方便读者查阅和使用。

古典文献的收藏与保护应坚持可持续发展的理念。这包括在保护过程中注重环境保护和资源节约；在利用过程中注重文献的再生和传承；通过教育和宣传等手段提高公众对古典文献保护的认识和参与度。

（二）古典文献收藏与保护的方法

1. 数字化保存

数字化保存是当前古典文献保护的重要手段之一。通过将古典文献进行数字化处理，可以将其内容转化为数字形式并存储在电子设备或云端存储中。这种方法不仅可以节约存储空间，还可以避免文献的物理损坏和丢失风险。同时，数字化的古典文献还可以方便学者和研究者进行远程查阅和共享，提高文献的利用效率。

具体方法：包括使用扫描仪将纸质文献转化为图像文件、使用 OCR 技术将图像文件中的文字识别为可编辑的文本格式等。

实施步骤：首先需要确定数字化的范围和标准，然后对文献进行整理、编号和分类；接着使用专业设备进行数字化扫描和识别；最后对数字化后的文献进行存储、管理和备份。

2. 温湿度控制

古典文献对温湿度条件非常敏感，过高或过低的温湿度都可能对文献造成损害。因此，在收藏与保护过程中需要严格控制温湿度条件。

温度控制：一般书库内温度应保持在 14℃ ~ 24℃之间，以避免文献因温度变化而变形或损坏。

湿度控制：相对湿度应保持在 45% ~ 60% 之间，以防止文献受潮发霉或干燥脆裂。

实施措施：可以使用恒温恒湿设备对收藏环境进行调控，并定期监测和记录温湿度数据以确保其符合要求。

3. 光照控制

光照特别是紫外光的照射会对古典文献造成损害，使其变黄变脆。因此，在收藏与保护过程中需要严格控制光照条件。

具体措施：可以采用抗紫外线窗户或遮挡布等措施减少光线对文献的直射；在照明方面应使用白炽灯等低辐射光源，并避免将灯具直接照射在文献上；同时还应控制照明时间和照明强度以减少对文献的损害。

4. 防火与防虫

防火和防虫是古典文献收藏与保护中不可忽视的重要环节。

防火措施：包括设置防火设施如灭火器、烟雾报警器等；定期进行防火检查和演练；确保收藏环境的通风良好并避免堆放易燃物品等。

防虫措施：可以使用防虫剂对收藏环境进行定期喷洒；保持环境的清洁和干燥以

减少虫害滋生；对已经发现的虫害应及时进行处理以防止其扩散。

5.修复与保护技术

对于已经受损的古典文献需要进行及时的修复和保护。修复技术包括传统的手工修复和现代科技手段相结合的方法。

传统修复方法：遵循"修旧如旧"的原则，使用与原文献相同或相近的材料进行修补和加固；同时注重修复过程中的细节处理以确保修复后的文献与原始状态相符。

现代科技手段：包括使用数字化技术对文献进行扫描和识别；使用化学试剂对文献进行脱酸处理以防止纸张老化；使用物理手段（如超声波清洗等）去除文献表面的污渍和污垢等。

6.法律法规与政策支持

在古典文献的收藏与保护领域，法律法规与政策支持起着至关重要的作用。它们不仅为这一领域的实践提供了法律保障，还通过政策引导促进了资源的合理配置和高效利用。

政府应制定和完善相关法律法规，明确古典文献的所有权、管理权、使用权及保护责任等问题。这些法律法规应涵盖古典文献的征集、鉴定、登记、保存、修复、展示、利用等各个环节，确保每一个环节都有法可依、有章可循。同时，对于破坏、盗窃、非法交易古典文献的行为，应设定严厉的惩罚措施，以震慑犯罪，保护文化遗产的安全。政府可以通过财政补贴、税收优惠、项目资助等多种方式，对古典文献的收藏与保护机构给予政策支持和激励。例如，设立专项基金用于古典文献的征集、修复和保护工作；对在古典文献保护领域做出突出贡献的机构和个人给予表彰和奖励；鼓励社会资本参与古典文献的保护与利用项目等。这些政策措施可以有效激发社会各界的积极性和创造力，推动古典文献保护事业的持续发展。

古典文献的保护是全球性的任务，需要各国政府、国际组织及学术机构的共同努力。政府应积极参与国际交流与合作，学习借鉴其他国家和地区在古典文献保护方面的先进经验和技术手段。同时，可以通过举办国际研讨会、展览等活动，加强与其他国家和地区在古典文献保护领域的交流与合作，共同推动全球文化遗产的保护与传承。公众是古典文献保护的重要力量。政府应通过多种渠道和方式，加强古典文献保护的宣传和教育工作，提升公众对古典文献价值的认识和保护意识。例如，可以通过举办讲座、展览、公益活动等形式，向公众普及古典文献的知识和保护方法；鼓励公众参与到古典文献的征集、整理、修复等工作中来；同时，还可以通过媒体和网络等渠道，加强古典文献保护工作的宣传报道，形成全社会共同关注和支持的良好氛围。

古典文献的收藏与保护需要建立完善的管理体系。这包括建立科学的分类、编目和检索系统，实现古典文献的规范化、数字化管理；建立严格的借阅、复制和转移等管理制度，确保古典文献的安全和完整；同时，还应加强管理人员的培训和教育，提高他们的专业素养和管理能力。通过完善的管理体系，可以实现对古典文献的有效管理和高效利用。

三、古典文献收藏与保护的设施与技术

古典文献收藏与保护的设施与技术是确保这些珍贵文化遗产得以长久保存和传承的关键。下面将从设施建设和技术应用两个方面进行详细阐述。

（一）古典文献收藏的设施建设

1. 专业书库与库房

古典文献的保存需要特定的环境，因此建设专业书库和库房是首要任务。这些设施应具备以下条件：

温湿度控制：书库内应配置恒温恒湿设备，确保温度保持在 14℃ ~ 24℃ 之间，相对湿度保持在 45% ~ 60% 之间，以减缓纸张老化速度，防止霉变和虫蛀。

光照控制：窗户应设置防紫外线窗帘或遮挡物，照明应采用无紫外线或低紫外线的白炽灯，避免直射阳光和强光对文献的损害。

防火安全：书库内应配置灭火系统，如七氟丙烷自动气体灭火装置，并设置烟雾报警器和火警报警系统，确保及时发现并处理火灾隐患。

防尘防虫：书库应保持清洁，定期使用吸尘器等设备进行除尘，同时采取防虫措施，如使用防虫剂或设置防虫网等。

2. 安全监控与防护

为了确保古典文献的安全，书库和库房应配备安全监控系统和门禁系统。这些系统可以实时监控库房的温湿度、火警、入侵等异常情况，并在发生异常时及时报警和记录。同时，门禁系统可以控制人员进出，防止未经授权的人员进入库房。

3. 修复与整理设施

古典文献在长时间保存过程中难免会出现破损和老化现象，因此需要建设专门的修复与整理设施。这些设施应包括修复工作台、专业修复工具、检测设备以及必要的化学试剂等。修复人员可以在这些设施中对破损的文献进行修复和整理工作，以恢复其原貌和完整性。

（二）古典文献保护的技术应用

数字化技术是古典文献保护的重要手段之一。通过将古典文献进行数字化处理，可以将其内容转化为数字形式并存储在电子设备或云端存储中。这不仅可以避免文献的物理损坏和丢失风险，还可以方便学者和研究者进行远程查阅和共享。数字化技术包括扫描、OCR 识别、数据压缩、存储管理等环节，需要专业的设备和技术支持。纸张含酸是纸张老化变质的主要原因之一。脱酸技术可以通过化学方法去除纸张中的酸性物质，从而减缓纸张的老化速度。目前常用的脱酸方法包括水溶液脱酸法和非水脱酸法等。这些技术可以有效延长古典文献的保存寿命。

修复技术是保护古典文献的重要手段之一。修复人员需要具备专业的知识和技能，根据文献的破损程度和材质特点选择合适的修复方法和材料。常见的修复方法包括纸张修补、装帧修复、字迹恢复等。修复过程中需要注重保持文献的原貌和完整性，避免对文献造成二次损害。环境监测技术是保障古典文献保存环境稳定的重要手段。通过安装温湿度传感器、光照传感器等设备，可以实时监测书库和库房的环境参数，并根据监测结果及时调整环境控制设备的工作状态。这可以确保文献保存环境始终保持在最佳状态，从而延长文献的保存寿命。

RFID（无线射频识别）技术是一种非接触式的自动识别技术。在古典文献管理中，可以利用 RFID 技术为每本文献配备唯一的电子标签，通过读写器对标签进行读写操作来实现对文献的追踪和管理。这可以大大提高文献管理的效率和准确性，减少人为错误和损失。防霉防虫是古典文献保护中不可忽视的环节。除了保持环境的清洁和干燥外，还可以使用防霉剂和防虫剂来预防霉菌和虫害的发生。在选择防霉剂和防虫剂时需要注意其对文献材料的影响和安全性，避免对文献造成损害。

第五章　古典文献的注释与解读

第一节　古典文献的注释方法

一、古典文献的直注法

在浩瀚的古典文献海洋中，直注法作为一种古老而独特的文献解读与注释方式，承载着丰富的历史文化内涵与学术价值。它不仅是古代学者研读经典、传承文化的重要工具，也是后世理解古代文明、探索学术奥秘的桥梁。

（一）直注法的定义与特点

直注法，顾名思义，即直接对文献中的字词进行注音或解释，无须借助复杂的音韵学或训诂学理论，而是以一种直观、简洁的方式呈现给读者。其特点主要体现在以下几个方面：

直观性：直注法通过直接标注同音字或近似音字来注音，或通过简短的文字说明来解释词义，使读者能够迅速把握字词的发音和含义，无须过多推理或猜测。

简洁性：直注注释往往言简意赅，力求以最少的文字传达最多的信息。这种简洁性不仅便于读者快速阅读和理解，也符合古代文献注释追求精练的传统。

实用性：直注法以解决阅读障碍为目的，直接服务于读者的阅读需求。无论是初学者还是资深学者，都能从中获得实用的帮助和指导。

文化性：直注注释中往往蕴含着丰富的文化内涵和历史背景，通过注释可以窥见古代社会的风俗习惯、思想观念以及学术流派的演变等。

（二）直注法的发展历程

直注法的发展历程可以追溯到先秦时期，但真正形成系统并广泛应用的时期则是在汉代以后。随着儒家经典的地位逐渐确立，学者们开始重视对这些经典的注释和解读工作。在这一过程中，直注法因其直观、简洁的特点而备受青睐。

汉代以后，随着学术研究的不断深入和文献资料的日益丰富，直注法得到了进一步的发展和完善。唐代颜师古的《汉书注》、宋代朱熹的《四书章句集注》等经典著作中均大量采用了直注法进行注释。这些注释不仅帮助读者解决了阅读障碍，还通过注释中的阐发和引申促进了学术思想的交流和碰撞。

到了明清时期，随着考据学的兴起和音韵学、训诂学等学科的发展，直注法虽然不再是唯一的注释方式，但其地位依然重要。学者们往往将直注法与其他注释方式相结合，以更全面地解读和阐释古典文献。

（三）直注法的应用价值

直注法在古典文献的解读和传承中具有重要的应用价值。具体表现在以下几个方面：

解决阅读障碍：对生僻字、多音字以及具有特殊含义的字词来说，直注法提供了一种直观、简洁的注音和解释方式，有助于读者快速掌握字词的发音和含义从而克服阅读障碍。

促进学术交流：直注注释中往往蕴含着学者的学术观点和研究成果。通过注释的交流和碰撞，可以促进学术思想的传播和融合，从而推动学术研究的深入发展。

传承文化遗产：古典文献是中华民族宝贵的文化遗产之一。通过直注法对古典文献进行注释和解读有助于传承和弘扬中华优秀传统文化，让后人能够更好地了解和认识自己的文化根源。

辅助教育教学：在古汉语教学、古籍阅读等教育领域中，直注法可以作为辅助工具帮助学生掌握生僻字的发音和词义提高阅读古文献的能力。同时教师还可以利用直注注释引导学生进行自主学习和探究性学习，培养他们的问题意识和创新能力。

（四）直注法的现代意义

在数字化、信息化快速发展的今天，直注法依然具有重要的现代意义。一方面，随着古籍数字化项目的不断推进，越来越多的古典文献被数字化并存储在网络平台上。这为直注法的应用提供了更广阔的空间和更便捷的条件。通过数字化技术可以实现直注注释的自动化处理和可视化展示，让读者更加直观地了解字词的发音和含义。另一方面，随着全球化的深入发展，中华文化正逐渐走向世界舞台中央。直注法作为传承和弘扬中华优秀传统文化的重要工具之一，有助于增进国际社会对中华文化的了解和认同，推动中华文化的国际传播和交流。

此外，直注法还具有一定的学术创新价值。在现代学术研究中，我们可以将直注法与其他学科的理论和方法相结合，探索新的学术领域和研究方向。例如，可以将直注法与语言学、历史学、文献学等学科相结合研究古典文献的语言特点、历史背景和文化内涵；也可以将直注法与数字化技术相结合开发基于直注法的古籍阅读软件或APP，为读者提供更加便捷和高效的阅读体验。

二、古典文献的意译法

在浩瀚的古典文献世界中，意译法作为一种重要的文献翻译与解读策略，不仅承载着古代智慧与文化精髓的传递使命，还促进了不同文化之间的交流与融合。意译法，顾名思义，即在翻译或解读古典文献时，不拘泥于原文的字面意思，而是根据语境、文化背景及目标读者的理解能力，灵活传达原文的深层含义与精神实质。

（一）意译法的定义与特点

定义：意译法是指在翻译或解读古典文献时，以传达原文的意义和精神为核心，不拘泥于原文的字面形式或语言结构，采用符合目标语言习惯和文化背景的表达方式，使译文或解读更加自然流畅，易于读者理解和接受。

特点：

灵活性：意译法强调对原文意义的灵活传达，允许在翻译或解读过程中根据需要进行适当的调整和创新，以适应不同语境和读者的需求。

准确性：虽然意译法不追求字面上的完全对应，但它要求准确传达原文的深层含义和精神实质，确保信息的准确传递。

文化适应性：意译法注重目标语言的文化背景和读者的理解能力，通过适当的调整使译文或解读更加贴近目标文化的习惯和价值观。

创造性：意译法在一定程度上鼓励译者或解读者在尊重原文意义的基础上发挥创造性，以更生动、形象的方式呈现原文内容。

（二）意译法的应用场景

意译法在古典文献的翻译、解读、传播等多个领域都有广泛应用。具体而言，它适用于以下场景：

跨文化交流：在将古典文献翻译成其他语言时，由于语言文化的巨大差异，直译往往难以传达原文的深层含义。此时，意译法成为一种有效的翻译策略，能够帮助读者跨越文化障碍，理解原文的精神实质。

学术研究：在学术研究中，对古典文献的深入解读往往需要借助意译法。通过对原文的深入分析和理解，研究者能够准确把握其思想内涵和学术价值，为学术研究提供有力的支撑。

文学创作：文学创作中常常需要对古典文献进行引用或化用。在这种情况下，意译法能够帮助作家更好地融入原文的意境和情感，使作品更具深度和内涵。

文化传承与教育：在文化传承与教育领域，意译法也发挥着重要作用。通过意译法将古典文献转化为易于理解和接受的形式，有助于年轻一代更好地了解和传承传统文化。

（三）意译法的历史发展

意译法的历史可以追溯到古代。在早期的翻译实践中，由于语言文化的巨大差异和翻译技术的限制，译者往往采用意译法来传达原文的意义。随着翻译理论和实践的不断发展，意译法逐渐形成了自己的一套理论体系和实践方法。

在中国古代，意译法被广泛应用于佛经翻译和儒家经典的注释中。佛经翻译中的"格义"法就是一种典型的意译法实践。它通过将佛经中的概念与儒家经典中的概念进行类比和解释，使佛教思想得以在中国文化中生根发芽。儒家经典的注释中也常常采用意译法来阐释经典中的微言大义。

在西方，意译法也有着悠久的历史。古罗马时期的西塞罗和昆体良等翻译家就提出了"自由翻译"的理念，即不拘泥于原文的形式和结构，以传达原文的意义和精神为核心。这一理念对后来的翻译理论和实践产生了深远的影响。

（四）意译法的文化价值

意译法不仅是翻译或解读古典文献的一种技术手段，更是文化传承与交流的重要载体。它承载着丰富的文化价值和社会意义。

促进文化交流：意译法通过跨越语言文化的障碍，使不同文化背景下的读者能够理解和欣赏古典文献中的思想和艺术魅力。这种跨文化的交流与理解有助于增进各国人民之间的友谊和相互尊重。

传承文化遗产：古典文献是中华民族乃至世界各国的宝贵文化遗产。通过意译法将古典文献转化为易于理解和接受的形式，有助于这些文化遗产的传承和发扬光大。

推动学术创新：意译法鼓励译者或解读者在尊重原文意义的基础上发挥创造性。这种创造性的发挥有助于推动学术研究的深入发展，为学术界带来新的思想火花和理论创新。

丰富语言表达：意译法通过引入新的词汇、表达方式和修辞手法等，丰富了目标语言的表达能力。这种语言的丰富性不仅有助于更好地传达原文的意义和精神实质，也为文学创作和语言表达提供了更多的可能性。

（五）意译法的现代意义

在全球化的今天，不同文化之间的交流与融合成为不可逆转的趋势。古典文献作为各国文化的重要组成部分，其传承与传播对于促进全球文化的多样性和相互理解具有重要意义。意译法作为一种灵活的翻译策略，能够跨越语言和文化的界限，将古典文献中的智慧与美学传递给更广泛的受众。它不仅是文化交流的桥梁，也是文化多样性的守护者，有助于构建一个更加和谐包容的世界文化生态。

在学术研究领域，意译法为古典文献的解读提供了新的视角和方法。传统的直译法往往侧重于文字表面的对应，而意译法则更加注重对原文深层含义的挖掘和阐释。

通过意译法，研究者能够更深入地理解古典文献的思想内涵、历史背景和文化价值，从而提出新的学术观点和理论创新。这种新的视角和方法不仅丰富了学术研究的内涵，也对古典文献的现代化解读提供了有力支持。

在教育领域，意译法对于古典文献的普及与传承具有重要作用。古典文献往往蕴含着丰富的历史、哲学、文学等方面的知识，但由于其语言古奥、表达方式独特，对普通读者来说可能存在一定的阅读障碍。通过意译法将古典文献转化为更加通俗易懂的语言形式，有助于降低阅读门槛，提高读者的阅读兴趣和理解能力。同时，意译法还能够结合现代教学手段和技术手段，如多媒体教学、网络课程等，使古典文献的教育与普及更加生动、便捷和高效。

意译法不仅是古典文献传承的工具，也是文化创新与发展的催化剂。在翻译或解读古典文献的过程中，译者或解读者需要深入理解原文的意义和精神实质，并结合自身的文化背景和时代特征进行创造性的表达。这种创造性的表达不仅有助于丰富目标语言的表达方式和文化内涵，还能够为文化创新提供新的灵感和素材。例如，在文学创作中，作家可以通过意译法将古典文献中的意象、情节或思想融入自己的作品中，创造出具有独特风格和深刻内涵的文学作品。这种文化创新不仅有助于推动文学艺术的繁荣发展，也为文化传承注入了新的活力和动力。

在全球化的语境下，跨文化沟通变得越来越重要。意译法作为一种灵活的翻译策略，能够在不同文化之间搭建起沟通的桥梁。通过意译法，不同文化背景下的读者能够跨越语言和文化的障碍，共同理解和欣赏古典文献中的智慧和美学。这种跨文化的理解和欣赏有助于增进各国人民之间的友谊和相互尊重，促进全球文化的和谐共处和发展繁荣。

三、古典文献的集注法

古典文献作为人类文化遗产的重要组成部分，承载着丰富的历史、哲学、文学和科学知识。在传承和研究这些文献的过程中，集注法作为一种重要的文献整理与解释方法，发挥了不可替代的作用。

（一）集注法的定义

集注法，顾名思义，是指将多种注释汇集在一起，对古典文献进行综合性解释和说明的一种方法。它不同于单一的注释，而是将历代学者对同一文献的不同解读和注释进行整理、筛选和汇编，形成一个较为全面、系统的注释体系。集注法不仅有助于读者更深入地理解文献内容，还能够展现文献在不同历史时期的解释变迁和学术发展脉络。

（二）集注法的历史发展

集注法的历史可以追溯到古代，但真正形成规模和体系则是在汉唐以后。随着儒家经典的广泛传播和深入研究，学者们开始意识到单一注释的局限性，于是纷纷尝试将多种注释汇集起来，以便更全面地解读文献。唐代孔颖达等人编纂的《五经正义》，就是集注法在古代的重要成果之一。到了宋代，集注法更是得到了广泛的应用和发展，如朱熹的《四书章句集注》就是集注法的代表作之一。

（三）集注法的特点

综合性：集注法将多种注释汇集在一起，形成一个综合性的注释体系。这种综合性不仅体现在注释内容的广泛性和多样性上，还体现在注释者身份、学术背景和注释风格的多样性上。因此，集注法能够更全面地反映文献在不同历史时期、不同学术流派中的解释和解读。

系统性：集注法在对多种注释进行汇集时，通常会按照一定的逻辑顺序和体系进行编排和整理。这种系统性不仅有助于读者更清晰地了解注释的层次和结构，还能够帮助读者更好地理解文献的整体思想和脉络。

开放性：集注法不是一成不变的，而是一个不断发展和完善的过程。随着学术研究的深入和新的注释成果的出现，集注法可以不断地吸收和融合新的注释内容，形成更加全面、系统的注释体系。

（四）集注法的应用

文献整理：集注法被广泛应用于古典文献的整理工作中。通过对多种注释的汇集和整理，可以形成较为全面、系统的文献注释体系，为文献的进一步研究和利用提供便利。

学术研究：在学术研究中，集注法也是一种重要的研究方法和手段。通过对不同注释的对比分析和深入研究，可以揭示文献在不同历史时期、不同学术流派中的解释变迁和学术发展脉络，为学术研究提供新的视角和思路。

教育教学：在教育教学中，集注法也被广泛应用。通过将多种注释汇集在一起进行讲解和传授，可以帮助学生更全面地理解文献内容，提高教学效果和学习效果。

（五）集注法的现代意义

促进文化传承：集注法作为一种重要的文献整理与解释方法，有助于促进古典文献的传承和弘扬。通过对多种注释的汇集和整理，可以形成较为全面、系统的文献注释体系，为后代学者提供丰富的研究资料和参考依据。

推动学术研究：集注法为学术研究提供了新的视角和思路。通过对不同注释的对比分析和深入研究，可以揭示文献在不同历史时期、不同学术流派中的解释变迁和学术发展脉络，为学术研究提供新的突破点和研究方向。

增强文化自信：集注法不仅是对古典文献的整理和解释，更是对中华优秀传统文化的传承和弘扬。通过集注法的应用和实践，可以增强人们对中华优秀传统文化的认同感和自豪感，推动文化自信的建设和发展。

四、古典文献的校注法

古典文献作为人类文化遗产的瑰宝，承载着丰富的历史、哲学、文学与科学信息。在传承与研究这些文献的过程中，校注法作为一种重要的文献整理与解读手段，发挥着不可或缺的作用。

（一）校注法的定义与目的

定义：校注法，简而言之，是对古典文献进行校对、注释的一种方法。它包括对文献原文的校勘（校对文字、订正讹误）和对文献内容的注释（解释词义、阐明典故、梳理背景等）。校注法旨在恢复文献的本来面貌，揭示文献的深层含义，为读者提供准确、全面的文献信息。

目的：

恢复文献原貌：通过校勘，订正文献在传抄、刻印过程中产生的讹误，恢复文献的本来面貌。

阐明文献意义：通过注释，解释文献中的难解字词、典故出处、历史背景等，帮助读者理解文献的深层含义。

促进学术研究：校注法为学术研究提供了可靠的基础资料，有助于推动相关领域的深入研究。

（二）校注法的基本方法

古典文献的校注法涉及多个方面，主要包括以下几个方面：

对校法，也称版本校，是最基本的校勘方法之一。它通过对比不同版本的文献，找出其中的异同点，进而订正讹误。对校法的关键在于确定一个较为可靠的底本，再以其他版本为校本进行逐字逐句的对比。如《史记》的校勘，常采用"百衲本"作为底本，再与其他版本（如"点校本"）进行对校。

本校法是利用文献内部的证据进行校勘的方法。它要求校勘者熟悉文献的整体内容和结构，通过对比文献内部的上下文、注释、目录等信息，找出并订正讹误。本校法特别适用于那些版本稀少或版本间差异较大的文献。

他校法是利用其他相关文献来校勘某一文献的方法。当文献内部证据不足或存在争议时，可以引用其他文献中的相关记载进行比对和验证。例如，在校勘《史记》时，可以引用《汉书》《后汉书》等史书中的相关记载进行他校。

理校法是根据文献的文理、逻辑、史实等内在规律进行校勘的方法。当文献中的讹误无法通过版本对比、上下文联系或他书引证等方法直接订正时，可以运用理校法进行推理和判断。理校法要求校勘者具备深厚的学术功底和敏锐的洞察力。

注释法是对文献内容进行解释和说明的方法。它包括对难解字词的训释、典故出处的说明、历史背景的阐述等。注释法的目的在于帮助读者理解文献的深层含义和背景信息。注释法可以分为随文注释和集中注释两种形式。随文注释是在文献正文中直接添加注释内容；集中注释则是将注释内容统一编排在文献正文之后或另附注释册。

（三）校注法的具体应用

校注法在古典文献的整理与研究中有着广泛的应用。以《史记》为例。《史记》作为中国古代史学的杰出代表，其校注工作历经数代学者的努力。现代学者对《史记》的校注工作不仅继承了传统的校勘方法，还引入了新的技术手段和研究成果。例如，利用出土文献（如简帛、碑刻等）对《史记》进行校勘和补充；利用现代语言学、文献学的研究成果对《史记》中的字词进行训释和考证；利用计算机技术和数据库技术建立《史记》校注数据库等。这些应用不仅提高了《史记》校注的准确性和全面性，也为学术研究提供了更加便捷和高效的工具。

（四）校注法的现代意义

随着科技的发展和学术研究的深入，校注法在古典文献整理与研究中的现代意义日益凸显。首先，校注法有助于恢复文献的本来面貌，为学术研究提供可靠的基础资料。其次，校注法有助于揭示文献的深层含义和背景信息，促进学术研究的深入发展。再次，校注法有助于推动传统文化的传承与弘扬，增强民族文化的自信心和认同感。最后，校注法还为现代科技手段在古典文献整理与研究中的应用提供了广阔的空间和可能。

第二节　古典文献的解读技巧

一、解读古典文献的语境分析法

在古典文献的研究与解读中，语境分析法作为一种深入探索文献内涵与外延的重要方法，具有不可替代的作用。

（一）语境分析法的定义

语境分析法，简而言之，是通过分析文献所处的语言环境、历史背景、社会情境、作者意图等外部与内部因素，来深入理解文献内容、意义及价值的一种研究方法。它不仅关注文献文本的字面意义，更重视文本背后的深层含义及其与周围环境的关联。

（二）语境分析法的理论基础

语境分析法的理论基础深厚，主要源自语言学、文学批评、历史学等多个学科领域。

语言学基础：语言学家 Malinowski 提出的"情景语境"概念，为语境研究奠定了基础。他认为，语言的意义并非孤立存在，而是依赖于其使用的具体情境。随后，弗斯、韩礼德等学者进一步发展了语境理论，提出了语域、语旨、语式等概念，使语境研究更加系统化和理论化。

文学批评基础：文学批评家强调文本与语境的紧密联系。他们认为，文学作品的意义不仅在于文字本身，更在于文字所构建的世界与读者所处的现实世界之间的关联。因此，解读文学作品必须结合其创作背景、作者意图、读者接受等语境因素。

历史学基础：历史学者在研究古代文献时，注重将文献置于其产生的历史背景中进行分析。他们认为，文献是历史的见证，其内容与意义深受当时社会、政治、经济、文化等因素的影响。因此，解读古典文献必须考虑其历史语境。

（三）语境分析法的具体应用

语境分析法在解读古典文献中的应用广泛而深入，主要体现在以下几个方面：

语言环境的分析：古典文献的语言往往具有时代特色，如古汉语中的词类活用、省略句等现象。通过语境分析法，可以准确判断词语的词性、句子的语法成分，从而理解文献的准确含义。例如，在古汉语中，"尚"字在不同语境下可能有多种含义，但通过结合上下文及历史背景，可以推断出其在特定句子中的确切意义。

历史背景的分析：古典文献往往反映了当时社会的政治、经济、文化状况。通过语境分析法，可以深入了解文献产生的历史背景，进而揭示文献所反映的时代特点和作者的观点。例如，在研究《史记》时，可以结合汉代的社会制度、政治格局、文化风气等历史背景，来解读司马迁的史学思想和写作风格。

作者意图的分析：作者意图是解读古典文献的关键。通过语境分析法，可以探究作者的生平经历、思想观念、写作目的等，从而更准确地把握文献的主旨和深层含义。例如，在解读杜甫的诗歌时，可以结合杜甫的生平遭遇和时代背景，来体会其诗歌中蕴含的忧国忧民之情和深沉的历史感。

读者接受的分析：读者是文献传播与接受的重要环节。通过语境分析法，可以分析不同读者群体对古典文献的接受情况及其背后的原因。这有助于我们更全面地理解文献的传播与影响。

（四）语境分析法的优势

语境分析法在解读古典文献中展现出诸多优势：

全面性：语境分析法综合考虑了文献的语言环境、历史背景、作者意图等多个方面，使解读更加全面和深入。

准确性：通过结合多种语境因素进行分析，可以更加准确地把握文献的准确含义和深层意义。

动态性：语境分析法强调文献与周围环境的动态关联，有助于揭示文献在不同历史时期和不同文化背景下的变化与发展。

（五）语境分析法的现代意义

随着时代的发展和学术研究的深入，语境分析法在解读古典文献中的现代意义日益凸显：

促进文化传承：通过语境分析法解读古典文献，有助于揭示其背后的文化价值和精神内涵，促进中华优秀传统文化的传承与弘扬。

推动学术研究：语境分析法为学术研究提供了新的视角和方法，有助于推动古典文献学、历史学、文学等学科的深入发展。

增强文化自信：通过深入解读古典文献，了解中华民族的历史文化和精神追求，有助于增强民族文化的自信心和认同感。

总之，语境分析法在解读古典文献中发挥着重要作用。它以其全面性、准确性和动态性的优势，为我们深入理解古典文献提供了有力支持。在未来的学术研究中，我们应该继续深化对语境分析法的认识和应用，为传承和弘扬中华优秀传统文化贡献更多智慧和力量。

二、解读古典文献的文化背景解读法

古典文献作为古代社会思想观念、社会制度和文化传承的重要载体，蕴含着丰富的历史信息与文化价值。解读这些文献，不仅是对古代文明的追溯，更是对当代文化理解的深化。其中，文化背景解读法作为一种重要的研究方法，为我们提供了深入理解古典文献内涵的钥匙。

（一）文化背景解读法的定义

文化背景解读法，简而言之，是通过分析古典文献产生的历史背景、社会环境、文化环境等因素，来揭示文献中所蕴含的思想观念、价值观念及艺术特色的一种研究方法。这种方法强调将文献置于其产生的具体历史和文化语境中进行考察，以全面、准确地理解文献的内涵和外延。

（二）文化背景解读法的方法

文本批评法是文化背景解读法的基础。它通过对文献原文的直接分析和解读，揭示文献中的内在信息。这种方法强调对文本细节的准确解读，通过对每个字词、句子乃至篇章结构的深入研究，推断出作者的用意和思想。在文化背景解读中，文本批评法帮助研究者从文献本身出发，挖掘其背后的文化意蕴。

　　史料批评法是将古代文献与历史背景相结合的解读方法。它要求研究者对文献产生的历史时期、社会环境及文化传统进行深入研究，从而理解和解读文献。通过对历史情境的重构，研究者能够揭示文献所反映的时代特点和作者的观点。例如，在研究《史记》时，需要了解秦汉之际的政治制度、社会结构及思想变迁，以便准确把握司马迁的写作背景和目的。文学批评法是将文献作为文学作品进行解读的方法。它关注文献中的表现形式、艺术手法及结构特点，通过分析这些元素来探讨文献的艺术价值和作者的写作风格。在文化背景解读中，文学批评法有助于揭示文献的美学意义和文化内涵。例如，在研究《红楼梦》时，可以通过对其人物塑造、情节安排以及语言艺术的分析，探讨曹雪芹的文学追求和审美观念。

　　注释法是对古代文献进行解释和补充说明的过程。它包括词语注释、句子注释、背景注释和引用注释等多种方法。注释法有助于读者更好地理解文献中的专业术语、复杂句子及历史背景等信息。在文化背景解读中，注释法为研究者提供了丰富的背景知识和解读线索。

（三）文化背景解读法的应用

　　在指导学生阅读整本书时，解读背景知识是帮助学生读懂、读深、读透作品的前提与基础。以《红楼梦》为例，教师可以通过介绍曹雪芹的生平经历、创作背景及当时的社会政治经济环境，帮助学生更好地理解作品的主题思想和艺术特色。这种背景知识的解读不仅开阔了学生的知识视野，还激发了他们的阅读兴趣。对于具体的古典文献，文化背景解读法可以帮助研究者更深入地理解其内涵。例如，在研究《诗经》时，可以通过分析其产生的西周时期的社会生活、情感观念以及人与自然的关系等文化背景，来揭示其中所蕴含的伦理道德、审美追求等价值观念。这种深入的分析有助于我们更全面地理解古典文献的思想内涵和艺术特色。

　　文化背景解读法还有助于揭示古典文献在文化传承中的重要作用和影响。例如，《论语》作为儒家经典之一，其思想和道德教诲对后世产生了深远的影响。通过研究《论语》的文化背景，我们可以了解到孔子及其弟子的思想观念和价值观念是如何在后世得到传承和发展的。这种文化传承的揭示有助于我们更深入地理解古代文化的连续性和发展脉络。

（四）文化背景解读法的意义

　　文化背景解读法通过将文献置于其产生的具体历史和文化语境中进行考察，有助于我们更深入地理解文献的内涵和外延。这种方法不仅关注文献本身的内容和意义，还关注其背后的文化意蕴和历史背景，从而为我们提供了更全面、更深入的解读视角。文化背景解读法有助于揭示古典文献在文化传承中的重要作用和影响。通过对古典文献的深入研究和分析，我们可以了解到古代文化的精髓和特色，并将其传承给后世。同时，这种传承也为当代文化的发展提供了有益的借鉴和启示。

文化背景解读法不仅适用于古典文献的研究领域，还可以拓展到其他相关学科的研究中。例如，在历史学、哲学、文学等领域的研究中，都可以运用文化背景解读法来深入探讨相关问题。这种跨学科的研究方法有助于我们更全面地认识和理解人类社会的历史和文化。

三、解读古典文献的语言风格解读法

古典文献作为历史长河中璀璨的明珠，承载着古代先贤的智慧与情感，其语言风格更是丰富多彩、各具特色。解读古典文献的语言风格，不仅是对古代文学艺术的深入探索，也是对那个时代社会风貌、文化心理和审美趣味的深刻揭示。

（一）语言风格解读法的定义

语言风格解读法是指通过对古典文献中语言的运用特点、表达方式、修辞手法等进行分析，从而揭示出文献所特有的语言风格及其背后所蕴含的文化内涵、作者情感及时代特征的研究方法。这种方法强调对文献语言的细致入微地观察与分析，旨在挖掘出语言背后的深层意义。

（二）语言风格解读法的方法

词汇是构成语言风格的基本单位。在古典文献中，作者往往会通过选用特定的词汇来传达特定的情感、意境或观念。因此，对文献中的词汇进行细致分析，是理解其语言风格的重要途径。这包括分析词汇的语义特征、情感色彩、使用频率以及与其他词汇的搭配关系等。

句式结构是语言风格的重要组成部分。不同的句式结构能够传达出不同的语气、节奏和韵律感。在古典文献中，作者常通过变换句式结构来增强语言的表现力。因此，对文献中的句式结构进行深入分析，有助于我们把握其语言风格的独特性。例如，分析句子的长短、主谓宾的结构安排、倒装句的使用等，都能为我们揭示出作者的语言风格特点。修辞手法是语言艺术的重要表现形式。在古典文献中，作者常运用各种修辞手法来增强语言的生动性、形象性和感染力。这些修辞手法包括比喻、拟人、夸张、对偶、排比等。通过对文献中修辞手法的分析，我们可以更好地理解作者的表达意图和情感色彩，进而把握其语言风格的特点。

语境是理解语言风格的重要背景。古典文献的语言风格往往与其所处的时代背景、社会环境以及作者的个人经历密切相关。因此，在分析文献的语言风格时，我们需要将其置于具体的语境中进行考察。这包括分析文献的创作背景、作者的生平事迹、时代背景及社会风貌等因素，以便更准确地把握其语言风格的特点和内涵。

（三）语言风格解读法的应用

通过语言风格解读法，我们可以深入剖析古典文献中作者所表达的情感与思想。例如，在《楚辞》中，屈原运用了大量的象征、比喻等修辞手法，表达了他对国家命运的忧虑和对个人命运的感慨。这些语言风格特点不仅增强了文本的艺术感染力，也为我们揭示了屈原深沉的爱国情怀和悲壮的人生追求。

古典文献的语言风格往往能够反映出其所处时代的特征和文化风貌。例如，在《诗经》中，我们可以看到周代社会的礼乐制度、农耕文化以及人们对自然的敬畏之情等。这些语言风格特点不仅体现了当时社会的文化特色，也为我们了解古代社会提供了宝贵的资料。语言风格解读法在文学研究与教学中具有重要的应用价值。通过引导学生分析古典文献的语言风格特点，可以帮助学生更深入地理解文本内容、把握作者情感与思想，并提高他们的文学鉴赏能力和语言表达能力。同时，这种方法也有助于推动文学研究的深入发展，为学术界提供更多有价值的研究成果。

（四）语言风格解读法的意义

语言风格解读法有助于我们更深入地理解古典文献的内涵和外延。通过对文献语言风格的细致分析，我们可以揭示出作者所表达的情感与思想、时代特征与文化风貌等深层次信息，从而加深我们对古典文献的认识和理解。

古典文献是中华民族宝贵的文化遗产。通过对古典文献语言风格的解读与传承，我们可以更好地弘扬中华优秀传统文化，推动文化创新与发展。同时，这种方法也有助于我们吸收和借鉴古代文学艺术的精髓，为当代文学创作提供有益的启示和借鉴。

语言风格解读法不仅有助于我们提升对古典文献的理解能力，还有助于我们提升个人素养与审美能力。通过对古典文献语言风格的深入学习和分析，我们可以培养起对文学艺术的热爱和追求，提高我们的审美情趣和鉴赏能力。同时，这种方法也有助于我们形成独特的思维方式和审美观念，为我们的生活和工作带来更多的乐趣和启迪。

第三节　古典文献中的典故与成语

一、古典文献中典故的来源与类型

古典文献作为中华文化的瑰宝，承载着丰富的历史信息与文化内涵。在这些文献中，典故作为一种独特的文学手法，被广泛运用，成为连接古今、沟通文化的桥梁。典故不仅丰富了文学作品的表达方式，还使得文本意蕴深厚、言简意赅。

（一）典故的来源

历史故事是典故的重要来源之一。古代帝王将相、英雄豪杰的事迹，往往被后人传颂，并逐渐演化成具有象征意义的典故。这些故事往往蕴含着深刻的道理或情感，能够引起读者的共鸣。例如，陆游《书愤》中的"塞上长城空自许，镜中衰鬓已先斑。出师一表真名世，千载谁堪伯仲间"，就引用了檀道济自比长城和诸葛亮鞠躬尽瘁的历史故事，抒发了作者壮志未酬的感慨。神话传说也是典故的重要源泉。这些故事往往充满奇幻色彩，具有浓厚的神秘感，能够激发人们的想象力和创造力。例如，李商隐《锦瑟》中的"庄生晓梦迷蝴蝶，望帝春心托杜鹃。沧海月明珠有泪，蓝田日暖玉生烟"，就引用了庄周梦蝶、望帝春心等神话传说，表达了对往昔美好理想的怀念和对现实无奈的怅惘。

寓言故事以其简洁明快的语言和深刻的寓意，成为典故的又一重要来源。这些故事往往通过生动的形象和夸张的手法，揭示出生活中的某些道理或规律。例如，庄子在《逍遥游》中通过描述大鹏展翅高飞的形象，寓意人生应追求自由与超脱，这一寓言故事后来被广泛引用，成为表达人生理想与追求的典故。古典文献中的诗文名句，因其优美的语言和深刻的意蕴，也常被后人引用为典故。这些诗句或词语往往具有高度的概括性和象征性，能够简洁明了地表达出复杂的思想情感。例如，杜甫的"会当凌绝顶，一览众山小"被用来形容人具有远大的抱负和崇高的理想；而王勃的"落霞与孤鹜齐飞，秋水共长天一色"则成为描绘自然美景的经典之句。

（二）典故的类型

事典，即古代故事形成的典故。这类典故主要来源于历史故事、神话传说、寓言故事等。事典通过讲述一个完整的故事或情节，来传达某种思想或情感。例如，前文提到的陆游《书愤》中的典故就属于事典范畴。事典在古典文献中的运用，不仅丰富了文本的内容，还使文本更具历史厚重感和文化深度。

语典，即有来历出处的词语形成的典故。这类典故主要来源于格言、警句、俗语、诗文句等。语典通过引用某个具有特定含义的词语或句子，来表达作者的思想或情感。与事典相比，语典更加简洁明了，往往能够一语中的地揭示出问题的本质或核心。例如，曹操在《短歌行》中引用"青青子衿，悠悠我心"来表达自己对贤才的渴望与思慕之情，就属于语典的范畴。

（三）典故的文化意义与文学价值

典故作为古代文化的结晶，承载着丰富的文化内涵和历史信息。通过对典故的解读与传承，我们可以更好地了解古代社会的风貌、人们的思想观念及文化习俗等。同时，典故也是连接古今、沟通文化的桥梁，它使得古代文化得以在现代社会中延续和发展。典故在古典文献中的运用，不仅丰富了文学作品的表达方式，还使得文本意蕴深厚、言简意赅。通过引用典故，作者可以更加生动形象地描绘出人物性格、故事情节及环境氛围等；同时，典故的引用还能够引发读者的联想与想象，使得读者在阅读过程中产生共鸣与感悟。因此，典故在古典文献中具有极高的文学价值。

二、古典文献中成语的形成与演变

古典文献作为中华民族悠久历史与灿烂文化的载体，蕴含着丰富的语言宝藏，其中成语以其独特的魅力，成为中华文化的重要组成部分。成语作为汉语的瑰宝，以其言简意赅、形象生动的特点，在文学作品中被广泛运用，传递着古人的智慧与情感。

（一）成语的形成

许多成语直接来源于古代的历史故事，这些故事经过时间的洗礼，逐渐凝练成简洁明了的成语形式，成为后人传颂的佳话。例如，"卧薪尝胆"源自越王勾践为复国而忍辱负重的故事，形容人刻苦自励，发奋图强；"完璧归赵"则出自蔺相如出使秦国，智勇双全保全和氏璧的典故，表示将原物完好无损地归还原主。这些成语不仅记录了历史事件，更蕴含了深刻的人生哲理和道德观念。古典文献如《诗经》《楚辞》《论语》《史记》等，是成语的重要来源之一。这些典籍中的经典语句或段落，经过后人的提炼和加工，形成了许多富有哲理和文学价值的成语。例如，"温故知新"出自《论语·为政》，意指通过回顾过去来增进新知识；"任重道远"则见于《论语·泰伯》，形容责任重大，道路遥远，需努力奋斗。这些成语不仅保留了原典的精髓，还赋予了新的生命力。

民间传说作为口头文学的一种形式，也为成语的形成提供了丰富的素材。这些传说往往蕴含着人民群众的智慧和创造力，通过代代相传，逐渐形成了具有广泛认同感的成语。例如，"画蛇添足"源于一个古老的民间故事，讲述了一个人在比赛画蛇时多此一举，反而失去胜利的故事，比喻做了多余的事，非但无益，反而不合适；"刻舟求剑"

则讽刺了那些不知变通、墨守成规的人。这些成语以生动的形象和深刻的寓意,反映了人民群众的生活经验和智慧。

(二)成语的演变

随着社会的发展和语言的演变,成语的语义往往会发生扩展和深化。原本只具有单一含义的成语,在后来的使用过程中逐渐衍生出多种相关的意义。例如,"举一反三"原指从一件事情类推而知道其他许多事情,后来也用来形容善于学习、能够迅速掌握新知识的能力;"狐假虎威"原指狐狸假借老虎的威势欺压其他动物,后来也用来比喻倚仗别人的权势欺压人。这种语义的扩展与深化,使得成语的表达能力更加丰富多样。成语在结构上通常具有固定性,即其词序和组合方式相对稳定。然而,在实际使用过程中,有时也会发生一些变化。这种变化可能是出于修辞的需要,也可能是为了适应新的语境。例如,"风马牛不相及"原指两地相隔遥远,互不相干,但在某些语境下也可以灵活运用为形容两个事物之间毫无关联或毫无共通之处;又如,"美轮美奂"原指房屋高大美观,后来也常被用来形容其他事物(如文章、景色等)的优美绝伦。这种结构的固定与变化,体现了成语在语言运用中的灵活性和生命力。

成语作为文化的载体,其背后蕴含着丰富的文化内涵。这些文化内涵在传承过程中往往会发生演变,以适应不同历史时期和社会背景的需求。例如,"中庸之道"作为儒家思想的核心之一,在古代强调和谐、平衡与适度;而在现代社会中,这一理念则被赋予了新的内涵,如倡导理性、公正和包容等。这种文化内涵的传承与演变,使得成语在不同历史时期都能发挥重要的作用,成为连接过去与未来的桥梁。

(三)成语的文化价值

成语作为历史的见证者,承载着丰富的历史记忆。通过成语,我们可以了解到古代社会的风貌、人民的生活状况以及思想观念的变迁。这些历史记忆不仅是我们认识过去的重要依据,也是我们理解现在、展望未来的重要参考。

成语中蕴含着丰富的民族精神,如自强不息、厚德载物、爱国主义等。这些精神是中华民族在长期历史发展中形成的宝贵财富,也是我们今天仍然需要继承和发扬的优秀品质。通过学习和运用成语,我们可以更好地弘扬民族精神,增强民族自豪感和凝聚力。成语以其独特的表达方式和深刻的寓意,为汉语的表达增添了无限的魅力。在文学作品中,成语的运用可以使语言更加生动形象、言简意赅;在日常交流中,成语的运用也可以让表达更加精练有力,富有文化底蕴。成语作为汉语词汇中的瑰宝,极大地丰富了我们的语言表达方式,使得汉语在表达思想、情感时更加丰富多彩。

（四）成语的演变动力

社会变迁是推动成语演变的重要动力之一。随着时代的进步和社会的发展，人们的生活方式、价值观念、思维方式等都在不断发生变化，这些变化必然会影响到语言的使用和演变。成语作为语言的一部分，其内涵和用法也会随着社会变迁而发生变化，以适应新的社会环境和文化背景。文化交流是成语演变的另一重要动力。在历史的长河中，不同文化之间的交流和融合是不可避免的。这种交流不仅促进了文化的繁荣和发展，也推动了语言的演变和创新。成语作为文化的重要载体，在文化交流中发挥着重要作用。通过文化交流，不同文化中的成语得以相互借鉴和融合，从而形成了更加丰富多样的成语体系。

语言作为一种复杂的符号系统，具有自我完善的能力。在语言的使用过程中，人们会根据实际需要和表达习惯对语言进行不断调整和优化。成语作为语言中的一种特殊形式，也经历了这样的过程。在长期使用中，一些成语因为不符合表达习惯或语义模糊而被淘汰或改造；同时，也有一些新的成语因为符合时代需求和文化背景而得以产生和流传。这种语言内部的自我完善机制是成语演变的重要动力之一。

三、古典文献中典故与成语在文献中的运用

古典文献作为中华民族悠久历史与璀璨文化的深厚积淀，其文字间不仅蕴含着丰富的历史信息，还巧妙地运用了典故与成语这两种独特的文学手法，使得文献内容更加生动、意蕴深远。典故与成语作为汉语表达中的精华，它们在古典文献中的运用，不仅丰富了文献的表现形式，还深刻影响了后世文学的创作与语言的发展。

（一）典故与成语的定义与特点

典故，简而言之，就是古籍中出现的有故事性、寓意性的词语或事件。它们往往来源于历史故事、神话传说、文学作品等，通过引用或化用这些故事或事件，以简洁的语言形式表达复杂的情感或思想。典故具有浓厚的文化色彩和历史背景，能够引发读者的联想与共鸣。

成语则是汉语中经过长期使用、锤炼而形成的固定短语。它们结构稳定，意义明确，往往蕴含着丰富的文化内涵和哲理。成语的来源广泛，既有来自古代典籍的经典语句，也有来自民间口语的生动表达。成语以其言简意赅、形象生动的特点，在汉语表达中占据重要地位。

（二）典故在古典文献中的运用

古典文献中大量运用历史典故，通过引用或化用历史故事、人物事迹等，增强了文献的历史厚重感。这些典故不仅是对历史事实的回顾，更是对历史人物、事件及其

所蕴含的精神品质的颂扬或批判。例如,《史记》中频繁出现的帝王将相事迹、战争策略等典故,不仅展现了古代社会的风云变幻,也传递了作者对历史人物的独特见解和评价。

典故的运用还能深化文献的思想内涵,使得文献所表达的思想情感更加丰富、深刻。通过引用或化用具有象征意义的典故,作者可以巧妙地传达自己的政治主张、道德观念或人生哲理。例如,杜甫在《春望》中引用"国破山河在,城春草木深"的典故,表达了对国家兴衰的深切忧虑和对人民疾苦的同情;而苏轼在《赤壁赋》中则通过"大江东去,浪淘尽,千古风流人物"的典故,抒发了对人生短暂、世事无常的感慨和对历史英雄的敬仰之情。

典故的运用还丰富了古典文献的文学表现手法。通过巧妙地运用典故,作者可以创造出独特的艺术形象、营造出特定的艺术氛围或表达出独特的艺术情感。例如,《红楼梦》中大量运用诗词歌赋、神话传说等典故来塑造人物形象、描绘场景氛围和表达情感变化;而《西游记》则通过引用或化用道教、佛教等宗教典故来构建故事情节和塑造人物性格。

(三)成语在古典文献中的运用

成语以其言简意赅的特点,在古典文献中得到了广泛的运用。通过运用成语,作者可以用较少的文字表达丰富的意义,使得文献的语言更加精练、表达效果更加突出。例如,《论语》中的"温故而知新""己所不欲,勿施于人"等成语,不仅表达了深刻的哲理思想,还使得文献的语言更加简洁明了。成语在古典文献中的运用还体现在对文学形象的塑造和文学意蕴的丰富上。通过运用具有生动形象的成语来描绘人物、场景或情感等,作者可以使文学形象更加鲜明、文学意蕴更加深厚。例如,《诗经》中的"关关雎鸠,在河之洲。窈窕淑女,君子好逑"通过运用生动的成语描绘了优美的自然景色和纯洁的爱情情感;而《楚辞》中的"路漫漫其修远兮,吾将上下而求索"则通过运用成语表达了诗人对人生道路的执着追求和不懈奋斗的精神风貌。

成语作为汉语文化的重要组成部分,其背后蕴含着丰富的文化内涵和民族精神。在古典文献中运用成语,不仅是对传统文化的传承和弘扬,更是对民族精神的彰显和颂扬。例如,《史记》中的"破釜沉舟""卧薪尝胆"等成语不仅是对古代英雄人物英勇事迹的颂扬,更是对中华民族自强不息、艰苦奋斗精神的传承和弘扬;而《诗经》中的"哀而不伤""乐而不淫"等成语则体现了中华民族中庸之道、和谐共处的文化传统和民族精神。

(四)典故与成语在文献运用中的相互影响

典故与成语在古典文献中的运用并非孤立存在而是相互交织、相互影响的。一方面典故为成语提供了丰富的素材和来源;另一方面成语的运用又进一步丰富了典故的内涵和表现形式。例如，许多成语本身就是由典故直接凝练而成的，如"画龙点睛"源自张僧繇画龙的故事，强调在关键处着墨，使整体更加生动传神；"叶公好龙"则源于叶公子高喜欢假龙而畏惧真龙的故事，讽刺了口是心非、表里不一的行为。这些成语在形成过程中，不仅保留了典故的精髓，还通过语言的精练和形式的固定，成为具有广泛适用性和高度概括性的语言单位。同时，成语在古典文献中的广泛运用，也促进了典故的传播和接受。当读者在阅读文献时，遇到不熟悉的成语，往往会通过查阅工具书或咨询他人来了解其背后的典故。这一过程不仅加深了读者对成语意义的理解，也让他们对典故本身产生了兴趣，进而促进了文化的传承和普及。因此，典故与成语在文献中的运用，实际上形成了一种相互促进、共同发展的关系。

（五）典故与成语在文献运用中的文化价值

典故与成语作为中华文化的瑰宝，承载着丰富的历史文化信息。它们在古典文献中的运用，不仅是对历史事件的回顾和记录，更是对历史人物、思想观念的颂扬或批判。通过这些典故与成语，我们可以窥见古代社会的风貌、人民的生活状态以及文化的演变轨迹，从而更加深刻地理解中华民族的历史和文化。典故与成语中蕴含着丰富的民族精神，如自强不息、厚德载物、忠诚爱国等。这些精神是中华民族在长期历史发展中形成的宝贵财富，也是我们今天仍然需要继承和发扬的优秀品质。通过学习和运用这些典故与成语，我们可以更好地弘扬民族精神，增强民族自豪感和凝聚力。

典故与成语的运用极大地丰富了汉语的表达方式。它们以其独特的结构和深刻的寓意，使得汉语在表达思想、情感时更加生动形象、言简意赅。无论是在文学创作中还是在日常交流中，典故与成语都发挥着不可替代的作用。它们不仅能够增加语言的文采和韵味，还能够提高表达的准确性和效率。

第四节 古典文献的语言风格分析

一、古典文献语言风格的类型与特点

古典文献作为中华民族悠久历史与文化的见证，其语言风格独特而多样，蕴含着丰富的历史信息、文化内涵及审美价值。这些文献不仅记录了古代社会的政治、经济、文化等各个方面，还通过独特的语言风格展现了古人的智慧、情感与审美追求。

（一）古典文献语言风格的类型

典雅庄重是古典文献中最为常见的一种语言风格。这种风格多见于史书、经书、官方文书等正式场合的文献中。其特点在于用词严谨、句式工整、表达准确，力求达到一种庄重、肃穆的效果。如《尚书》《周礼》等典籍，语言简练而意蕴深远，字里行间透露出一种不可侵犯的威严与神圣。与典雅庄重相对的是清新自然的语言风格。这种风格多见于诗词歌赋、游记小品等文学作品中。其特点在于用词清新脱俗、句式灵活多变、情感真挚自然，给人以清新脱俗、心旷神怡之感。如唐代诗人王维的山水田园诗，以清新淡雅的语言描绘出一幅幅宁静和谐的自然画卷，令人陶醉其中。

华丽繁复的语言风格则多见于汉赋、骈文等文体中。这种风格追求语言的华丽与繁复，通过大量的修辞手法和丰富的词汇来营造一种富丽堂皇、气势磅礴的效果。如西汉司马相如的《子虚赋》、东汉张衡的《二京赋》等，都以华丽繁复的语言展现了古代帝王的奢侈生活与宏大规模的建筑场景。质朴平实的语言风格则更多地体现在民间文学、家书日记等文献中。这种风格追求语言的平实与质朴，以简单直白的方式表达思想感情，给人以亲切感与真实感。如《诗经》中的许多篇章，语言质朴无华却情感真挚动人；又如，古代家书中所记录的家常琐事与深情厚谊也往往采用质朴平实的语言风格来传达。

（二）古典文献语言风格的特点

古典文献的词汇极其丰富且意蕴深远。这不仅体现在数量上的庞大还体现在质量上的高超。古人善于运用各种修辞手法如比喻、借代、夸张等来丰富词汇的表现力；同时他们也注重词汇的文化内涵与象征意义，使得每一个词汇都蕴含着丰富的历史信息与文化底蕴。这种词汇的丰富性使得古典文献的语言表达更加精准有力、意蕴深远。古典文献的句式灵活多变也是其语言风格的一个重要特点。古人在创作时往往根据表达的需要灵活地运用各种句式，如长句与短句、整句与散句、对偶句与排比句等，以形成不同的节奏感和韵律美。这种句式的灵活性不仅使得文献的语言表达更加生动形象，还增强了读者的阅读体验与感受力。

古典文献中运用了多种修辞手法来增强语言的表现力。这些修辞手法包括比喻、拟人、夸张、对比、排比等。通过运用这些修辞手法古人能够生动地描绘出各种事物与场景、深刻地表达出各种情感与思想。同时这些修辞手法的精湛运用也使古典文献的语言风格更加丰富多彩、引人入胜。古典文献的语言风格还体现在其情感的真挚与意境的深远上。无论是典雅庄重的史书经书还是清新自然的诗词歌赋，都蕴含着古人深厚的情感与独特的审美追求。他们通过精心的构思与巧妙的表达将自己的思想感情融入文字之中，形成了一种独特的意境美。这种意境美不仅让读者感受到了文字的魅力，还让他们在阅读过程中产生了强烈的共鸣与感动。

（三）古典文献语言风格形成的原因

古典文献语言风格的形成与社会历史背景密切相关。不同的历史时期和社会环境对文献的语言风格产生了深刻的影响。如春秋战国时期诸侯争霸、百家争鸣的社会背景促进了诸子百家著作的兴起与繁荣；而唐代盛世的社会环境则孕育了唐诗的繁荣与辉煌。这些社会历史背景为古典文献语言风格的形成提供了丰富的素材与灵感。文化传统也是影响古典文献语言风格形成的重要因素之一。中华民族拥有悠久的历史与灿烂的文化传统。这些文化传统在传承过程中不断积淀与升华形成了独特的文化基因与审美追求。这些文化基因与审美追求在古典文献中得到了充分的体现与传承，使得古典文献的语言风格具有了独特的民族特色与文化韵味。

创作主体的个性与情感也是影响古典文献语言风格形成的重要因素之一。不同的作者具有不同的个性特点与情感倾向，他们在创作过程中会将自己的个性与情感融入文字之中，从而赋予文献独特的语言风格。有的作者追求语言的精练与深邃，善于用简洁的笔触勾勒出复杂的思想情感；有的作者则偏爱华丽繁复的辞藻，通过丰富的修辞与繁复的句式展现出宏大的场景与深邃的意境。这些个性与情感的差异使得古典文献的语言风格呈现出多样化的特点。

古典文献的文学体裁与功能也是其语言风格形成的重要制约因素。不同的文学体裁具有不同的语言特点和表达方式，如史书注重客观记录与严谨论证，因此语言风格往往典雅庄重；诗词则追求意境的营造与情感的抒发，因此语言风格更加清新自然或华丽繁复。同时，文献的功能也对其语言风格产生重要影响，如官方文书需要体现权威性与正式性，因此语言风格庄重肃穆；而民间文学则更注重实用性与趣味性，语言风格更加质朴平实。

（四）古典文献语言风格的现代价值

古典文献的语言风格是传统文化的重要组成部分，通过研究与传承这些语言风格，我们可以更好地理解和弘扬传统文化。这些语言风格中蕴含着丰富的历史信息与文化内涵，是连接过去与现在的桥梁，也是我们认识自己、认识民族的重要途径。古典文献的语言风格具有独特的审美价值，通过学习和欣赏这些语言风格，我们可以提升自己的文学素养与审美能力。这些语言风格中的修辞手法、表达方式等都可以为我们提供有益的借鉴与启示，帮助我们更好地表达自己的思想感情与审美追求。

古典文献的语言风格虽然具有历史性与时代性，但其中的许多元素与技巧仍然具有现代价值。我们可以从中汲取灵感与营养，将其融入现代文学创作与语言表达中，促进语言的创新与发展。同时，通过对古典文献语言风格的研究与传承，我们还可以为现代语言文化的发展提供有益的借鉴与参考。

二、古典文献语言风格与作者个性的关系

古典文献作为中华民族悠久历史与文化的载体，其语言风格不仅反映了时代的风貌与文化的精髓，更深刻地体现了作者的个性特征与思想情感。语言风格与作者个性之间存在着密切而复杂的关系，二者相互影响、相互渗透，共同构成了古典文献独特的艺术魅力。

（一）语言风格是作者个性的外在表现

语言是思想的载体，而语言风格则是作者个性与情感的外在表现。在古典文献的创作过程中，作者会根据自己的性格特征、生活经历、审美追求等因素，选择适合自己的语言表达方式，从而形成独特的语言风格。这种语言风格不仅体现在词汇的选择、句式的运用上，还渗透在修辞手法的运用、情感色彩的把握等多个方面。例如，唐代诗人李白的诗歌语言风格豪放不羁、气势磅礴，这与其个性中的洒脱、不羁、追求自由的精神状态高度契合。他的诗作中充满了对自然美景的热爱、对人生哲理的深刻思考以及对个人情感的直接抒发，这些都是他个性特征的直接体现。而宋代词人李清照的词作则以婉约细腻、情感丰富著称，这与其女性特有的细腻敏感、多愁善感的个性特征密不可分。她的词中常常流露出对爱情、友情、家国情怀的深情厚谊，以及对自己生活境遇的深刻反思。

（二）作者个性决定语言风格的选择

作者的个性特征在很大程度上决定了其语言风格的选择。不同的个性特征会导致作者在创作时选择不同的语言表达方式和修辞手法，从而形成不同的语言风格。这种选择并非随意而为，而是基于作者内心深处的情感需求与审美追求。

一方面，作者的个性特征会影响其对语言材料的敏感度与选择偏好。例如，一个性格内向、情感细腻的作者可能更倾向于使用细腻入微的笔触描绘内心世界，运用丰富的修辞手法表达复杂情感；而一个性格外向、豪爽大方的作者则可能更倾向于使用直接明了的语言表达思想观点，追求语言的简洁与力量。另一方面，作者的个性特征还会影响其创作时的情感状态与思维方式。情感状态与思维方式的差异会进一步影响作者的语言选择与表达方式。例如，一个处于激情澎湃状态下的作者可能会运用大量的排比句、感叹句等修辞手法来增强语言的表现力；而一个冷静理性的作者则可能更注重语言的逻辑性与条理性，通过严密的论证来阐述自己的观点。

（三）语言风格与作者个性相互塑造

语言风格与作者个性之间的关系并非单向的，而是相互塑造、相互影响。一方面，作者通过选择适合自己的语言表达方式形成独特的语言风格；另一方面，这种语言风格又会反过来影响作者的个性特征与思维方式。

首先，语言风格的形成过程本身就是作者个性特征与思维方式的外化过程。在创作过程中，作者需要不断地思考、选择、调整自己的语言表达方式以适应作品的需要。这个过程不仅锻炼了作者的语言能力，还深化了作者对自我个性的认识与理解。随着时间的推移和作品的积累，作者的语言风格会逐渐稳定下来并与个性特征形成紧密的联系。其次，语言风格一旦形成就会对作者的个性特征与思维方式产生反作用。一方面它会强化作者原有的个性特征使其更加鲜明突出；另一方面它也会引导作者形成新的思维方式与审美追求，从而推动个性的进一步发展。例如，一个擅长运用华丽辞藻的作者可能会逐渐培养出对美的敏锐感知与追求；而一个注重逻辑论证的作者则可能会形成更加严谨理性的思维方式。

（四）语言风格与作者个性的文化背景

值得注意的是语言风格与作者个性的关系还受到文化背景的影响。不同的文化背景会赋予语言风格与作者个性以不同的内涵与特征。在中国传统文化中，儒家思想强调中庸之道、和谐之美。这种文化背景使得古典文献中的语言风格往往追求平衡与和谐、注重情感的含蓄与内敛；同时它也影响了中国文人墨客的个性特征，使他们更加注重道德修养、追求人格完善。然而，随着时代的变迁与文化的交流融合，古典文献的语言风格与作者个性也呈现出多元化的趋势。现代作家在继承传统的基础上不断吸收外来文化的精髓，形成了各具特色的语言风格与个性特征。这种多元化的发展趋势不仅丰富了古典文献的艺术表现力，还促进了文化的交流与融合。

三、古典文献语言风格与时代背景的关系

古典文献作为历史长河中璀璨的文化瑰宝，其语言风格不仅承载着作者的思想情感与个性特征，更深刻地反映了特定时代的风貌、社会状况及文化精神。语言风格与时代背景之间存在着紧密而复杂的关系，二者相互交织、相互影响，共同构建了古典文献独特的艺术价值与历史意义。

（一）时代背景对语言风格的基础性影响

任何文学作品的语言风格都不是孤立存在的，而是深深植根于其所处的时代背景之中。时代背景包括政治环境、经济状况、社会风气、文化观念等多个方面，这些因素共同构成了文学作品创作的宏观环境，对语言风格的形成产生了基础性影响。政治环境是影响古典文献语言风格的重要因素之一。在专制集权的社会背景下，文学作品往往需要符合官方的意识形态与审美标准，语言风格因此趋向于典雅庄重、严谨规范。例如，先秦时期的《尚书》《诗经》等典籍，其语言风格庄重肃穆，体现了对王权与礼制的尊重与维护。而在社会动荡、政治变革的时期，文学作品则可能更多地反映人民的疾苦与抗争，语言风格则可能更加直白朴素、富有战斗性。

经济状况也是影响古典文献语言风格的重要因素。经济的发展水平、生产方式的变革以及社会阶层的分化等都会直接或间接地影响文学作品的语言风格。例如，在繁荣富庶的唐代，社会经济高度发达，文化昌盛，文学作品因此呈现出多元化的特点。唐诗中既有李白那样豪放不羁、气势磅礴的诗篇，也有杜甫那样深沉凝重、忧国忧民的佳作。这些不同的语言风格不仅反映了唐代社会的多元面貌，也体现了不同经济阶层与文化背景下人们的思想情感与审美追求。

社会风气与文化观念同样对古典文献的语言风格产生深远影响。不同的社会风气与文化观念会塑造出不同的审美标准与价值取向，进而影响文学作品的语言表达与风格特点。例如，在儒家思想占主导地位的封建社会里，文学作品往往强调道德教化与人格修养，语言风格因此趋向于含蓄内敛、温文尔雅。而在道家思想影响下，文学作品则可能更加注重自然与人的和谐共生，语言风格则可能更加清新脱俗、飘逸灵动。

（二）语言风格对时代背景的反映与塑造

语言风格不仅受时代背景的影响，同时也能够反映并塑造时代背景。文学作品通过独特的语言风格展现特定时代的社会风貌、文化精神与人民情感，进而对时代背景产生一定的影响。古典文献的语言风格往往能够直观地反映当时社会的现实状况。通过文学作品中的语言描绘与情感表达，我们可以窥见当时社会的政治生态、经济状况、社会风气以及人民的生活状态。例如，《诗经》中的许多篇章以生动的语言描绘了古代人民的劳动生活、爱情婚姻及战争徭役等场景，为我们提供了宝贵的历史资料与文化遗产。

古典文献的语言风格还承载着丰富的文化精神与价值观念。这些文化精神与价值观念通过文学作品的传播与影响逐渐深入人心，成为塑造民族性格与文化认同的重要力量。例如，唐诗宋词中所体现的豪放不羁、婉约细腻等语言风格不仅展现了古代文人的个性特征与审美追求，还蕴含了中华民族独特的文化精神与情感世界。

古典文献的语言风格还能够在一定程度上影响社会风气。优秀的文学作品通过其独特的语言魅力与思想内涵能够激发人们的共鸣与思考，进而引导社会风气的转变。例如，明清时期的《红楼梦》等小说作品以其深刻的社会批判与人性探索影响了当时社会的文化观念与价值取向，推动了社会风气的变革与进步。

（三）语言风格与时代背景的互动关系

语言风格与时代背景之间存在着一种动态的互动关系。一方面时代背景为语言风格的形成提供了基础性的条件与限制；另一方面语言风格又能够反映并塑造时代背景推动社会文化的发展与变革。语言风格与时代背景是相互依存的。没有时代背景作为支撑语言风格就会失去其存在的根基与意义；同样没有独特的语言风格作为表现形式时代背景也难以得到充分的展现与传承。因此二者之间存在着一种紧密的依存关系，共同构成了古典文献的独特魅力。

　　语言风格与时代背景之间还存在着相互促进的关系。一方面，时代背景为语言风格提供了丰富的素材与灵感，使得文学作品能够更加生动形象地展现社会现实与文化精神；另一方面，独特的语言风格又能够增强文学作品的表现力与感染力，使得其更好地传递时代精神与文化价值，进而推动社会文化的发展与繁荣。

第五节　古典文献的文学特色探讨

一、古典文献文学体裁的运用与创新

　　古典文献作为中华民族悠久历史与灿烂文化的重要载体，蕴含着丰富的文学体裁与创作智慧。这些文学体裁不仅是古代文人墨客表达思想情感、记录历史变迁的重要工具，更是后世文学创作与文化传承的宝贵资源。随着时代的发展与文化的交流融合，古典文献文学体裁的运用与创新成为文学领域的一个重要课题。

（一）古典文献文学体裁的分类

　　古典文献中的文学体裁繁多，按传统分类方法主要分为散文、小说、诗歌、戏剧四大类。每类体裁都有其独特的艺术特征与表现手法，共同构成了古典文献的丰富面貌。

　　散文是古典文献中最为常见的文学体裁之一，其特点在于形式自由、内容广泛、语言质朴自然。古代散文不拘泥于固定的形式和结构，可以灵活运用各种文学手法，如寓言、议论、抒情等。唐宋时期是古代散文的巅峰时期，出现了众多优秀的散文家和作品，如韩愈的《师说》、柳宗元的《永州八记》等。这些作品不仅具有深刻的思想内涵，还展现了高超的艺术技巧，对后世文学创作产生了深远影响。小说是以塑造人物形象为中心，通过完整的故事情节和具体的环境描写来展示人物思想情感和性格特征的一种文学体裁。在古典文献中，小说的发展经历了从六朝志怪、唐代传奇到宋元话本、明清章回小说的过程。明清时期是古典小说的鼎盛时期，出现了《三国演义》《水浒传》《西游记》《红楼梦》等四大名著。这些作品不仅具有极高的文学价值，还反映了当时社会的风貌与人民的生活状态。

　　诗歌是古典文献中最具艺术魅力的文学体裁之一。古代诗歌按时代可分为古体诗、近体诗和新诗；按内容可分为田园诗、山水诗、咏物诗等；按形式则可分为格律诗、自由诗和散文诗等。不同时代的诗歌各具特色,如唐诗的豪放不羁、宋词的婉约细腻等。诗歌以其精练的语言、丰富的意象和深刻的情感打动了无数读者,成为古典文学中的瑰宝。戏剧是古典文献中较为特殊的一种文学体裁,它融文学、音乐、舞蹈等多种艺术形式于一体。古典戏剧以元杂剧和明清传奇为代表,通过人物对话和舞台表演来展现故事情节和人物性格。如关汉卿的《窦娥冤》、汤显祖的《牡丹亭》等作品都是古典戏剧的杰出代表。这些作品不仅具有很高的艺术价值,还反映了当时社会的矛盾与人民的心声。

(二)古典文献文学体裁的运用现状

在当今社会背景下,古典文献文学体裁的运用仍然具有广泛的价值和意义。一方面它们作为传统文化的重要组成部分承载着民族记忆与文化认同;另一方面它们也为现代文学创作提供了丰富的素材与灵感。

古典文献文学体裁的运用有助于传承与弘扬传统文化。通过阅读和研究古典文献中的文学作品,我们可以深入了解古代社会的风貌与文化精神,从而增强对传统文化的认同感和归属感。同时这些文学作品中的思想内涵和道德观念也对现代社会具有积极的启示作用。古典文献文学体裁为现代文学创作提供了丰富的素材与灵感。许多现代作家在创作过程中都会从古典文献中汲取营养,借鉴其表现手法和艺术风格,创作出具有独特魅力的作品。例如,莫言、贾平凹等当代作家在创作中都受到了古典文学的影响,形成了自己独特的文学风格。

(三)古典文献文学体裁的创新路径

面对时代的变迁与文化的交流融合,古典文献文学体裁的创新成为文学领域的一个重要课题。以下是一些可能的创新路径:

跨文体融合是古典文献文学体裁创新的一种重要方式。通过将不同文体进行融合可以创造出新的文学形式和艺术效果。例如,将散文的抒情性与小说的叙事性相结合可以创作出具有深刻情感和丰富情节的散文小说;将诗歌的精练语言与戏剧的舞台表演相结合可以创作出具有视觉冲击力和情感张力的诗剧等。在保持古典文献文学体裁基本特征的基础上融入现代元素是另一种创新方式。通过将现代社会的思想观念、生活方式等元素融入古典文学体裁,可以使其更加贴近当代读者的生活和审美需求。例如,将现代科技元素融入古典诗词创作中可以创作出具有时代感和科技感的现代诗词;将现代爱情观念融入古典小说创作中可以创作出具有现代气息和情感共鸣的小说作品等。文化交流融合也是古典文献文学体裁创新的重要途径之一。通过与其他文化的交流与融合可以拓宽古典文学体裁的表现空间和艺术视野。例如,将中国古典文学与西方文学进行比较研究可以发现二者在表现手法和艺术风格上的异同点,进而创作出具有跨文化特色的文学作品；将中国古典文学与少数民族文学进行融合可以创作出具有多元文化交融特色的作品，展现中华民族文化的丰富性和包容性。

随着科技的飞速发展，媒介与技术的革新为古典文献文学体裁的创新提供了无限可能。传统文学体裁可以通过数字化、网络化、影视化等手段进行再创作和传播，使其以更加生动、直观、便捷的方式呈现给广大读者和观众。例如，将古典小说改编为动画、电视剧或电影，利用现代影视技术重现古代场景和人物形象，使古典文学焕发新的生命力；将古典诗词制作成音乐、歌曲或配乐朗诵，通过声音的艺术传达诗词的韵律美和意境美，让更多人领略到古典文学的魅力。

在保持古典文学体裁基本形式和风格的基础上，进行主题与内容的创新也是一条重要路径。现代社会的快速发展带来了许多新的社会问题、人际关系和情感体验，这些都可以成为古典文学体裁创新的源泉。作家们可以运用古典文学体裁来探讨现代社会的热点话题，如环境保护、科技伦理、性别平等等，通过古典与现代的碰撞与融合，创作出既具有古典韵味又富含现代气息的作品。

二、古典文献文学形象的塑造与表现

古典文献作为中华民族悠久历史与灿烂文化的瑰宝，不仅承载着丰富的历史信息与文化内涵，还以其独特的文学形象塑造与表现手法，展现了古代文人的艺术才华与审美追求。文学形象作为文学作品的核心要素，是作家通过文字描绘出的具有鲜明个性、深刻内涵和独特魅力的艺术形象。在古典文献中，文学形象的塑造与表现不仅体现了作家的创作才华，也反映了当时社会的风貌与人民的精神世界。

（一）古典文献文学形象的类型

古典文献中的文学形象丰富多样，涵盖了人物、自然、社会等多个方面。按照不同的分类标准，可以将这些文学形象划分为多种类型。

人物形象是古典文献中最常见且最重要的文学形象之一。这些人物既有历史真实存在的人物，如帝王将相、文人墨客，也有作家虚构的艺术形象，如神话传说中的神仙鬼怪、小说中的英雄豪杰等。人物形象通过外貌、性格、行为、语言等多方面的描绘，展现了其独特的个性魅力和内心世界。如《红楼梦》中的贾宝玉、林黛玉等人物形象，以其鲜明的个性特征和深刻的情感世界，成为中国文学史上的经典形象。自然形象是古典文献中另一类重要的文学形象。这些形象包括山川河流、花草树木、风雨雷电等自然现象和景观。作家通过对自然形象的描绘，不仅展现了自然界的壮丽与美丽，还寄托了自己的情感与哲思。如陶渊明笔下的"采菊东篱下，悠然见南山"，通过描绘自然景象，表达了诗人对隐逸生活的向往与追求。

社会形象是指反映社会风貌、时代特征及人际关系的文学形象。这些形象包括城市乡村、市井生活、风俗习惯等。作家通过对社会形象的描绘，展现了当时社会的真实面貌和人民的生活状态。如《水浒传》中的梁山泊，就是一个典型的社会形象，它反映了当时社会的黑暗与不公以及人民对于正义的渴望与追求。

（二）古典文献文学形象的塑造手法

古典文献中文学形象的塑造手法多种多样，包括直接描写、间接描写、对比衬托、象征隐喻等多种手法。

直接描写是作家直接运用语言对文学形象进行具体细致的描绘。这种手法能够直观地展现文学形象的外部特征和内在气质。如《三国演义》中对关羽"面如重枣，唇若涂脂，丹凤眼，卧蚕眉"的描写，就生动地刻画出了关羽的英勇威武和独特气质。间接描写则是通过其他人物或事物的反应和描述来展现文学形象。这种手法能够增加文学形象的神秘感和层次感。如《红楼梦》中通过林黛玉的诗词和言谈举止来间接展现其才情与性格，使读者能够更加深入地了解这一人物形象。

对比衬托是通过将两个或多个文学形象进行对比来突出其中一个或几个形象的特点。这种手法能够增强文学形象的鲜明性和生动性。如《水浒传》中将武松与李逵进行对比描写，通过他们的不同行为和性格特征来展现各自的英雄气概和独特魅力。象征隐喻是作家通过借助某一具体事物来暗示或表达某一抽象概念或情感。这种手法能够赋予文学形象以深刻的思想内涵和丰富的情感色彩。如《离骚》中的香草美人形象就是屈原借以表达自己高洁品质和忠贞情感的象征。

（三）古典文献文学形象的表现特点

古典文献中文学形象的表现特点主要体现在以下几个方面：

古典文献中的文学形象往往具有鲜明的个性和生动的形象特征。作家通过细腻的笔触和丰富的想象力将人物形象刻画得栩栩如生、跃然纸上。这些形象不仅具有独特的外部特征还具备深刻的内心世界和丰富的情感变化。古典文献中的文学形象往往蕴含着深远的意境和哲理思考。作家在塑造文学形象时不仅注重其外在形象的描绘，更注重其内在精神的挖掘和表达。这些形象往往能够引发读者的共鸣和思考，使读者在欣赏文学作品的同时获得心灵的启迪和精神的升华。

古典文献中的文学形象往往蕴含着真挚的情感和深刻的情感体验。作家通过细腻的笔触和真挚的情感表达将人物形象的情感世界展现得淋漓尽致。这些形象所蕴含的情感不仅能够打动读者的心灵，还能够引发读者对于人性、情感等问题的深入思考和感悟。古典文献中的文学形象不仅具有艺术价值，还具有深刻的文化传承和历史积淀意义。这些形象不仅反映了当时社会的风貌和人民的生活状态，还承载了中华民族优秀的传统文化和精神遗产。通过对这些形象的研究和解读，我们能够更好地理解古代社会的文化脉络和民族精神的内涵，进而传承和弘扬中华优秀传统文化。

（四）古典文献文学形象塑造与表现的文化意义

古典文献中的文学形象，尤其是人物形象，往往是对当时社会现实的一种反映和记录。通过对这些形象的塑造与表现，作家们不仅展现了人物的悲欢离合、命运沉浮，更揭示了社会的矛盾与冲突、进步与变革。这些形象成为历史的见证者，为我们了解古代社会提供了宝贵的资料和视角。古典文献中的文学形象还承载着丰富的人文精神和道德观念。这些形象往往具有高尚的情操、坚定的信念和崇高的追求，如忠诚、勇敢、智慧、仁爱等。通过对这些形象的塑造与表现，作家们不仅弘扬了人文精神，还传承了中华民族的优秀道德观念。这些道德观念在当今社会仍然具有重要的指导意义和价值。

古典文献中的文学形象以其独特的艺术魅力和深刻的内涵启迪了人们的智慧，丰富了人们的想象力。这些形象通过生动的描绘和深刻的寓意，引导读者思考人生、社会、自然等重大问题，激发读者的创造力和想象力。同时，这些形象也成为文学创作的重要素材和灵感来源，为后世文学创作提供了丰富的资源和借鉴。

三、古典文献文学特色的比较与评价

古典文献作为历史长河中璀璨的明珠，不仅承载着古代社会的政治、经济、文化等各个方面的信息，还以其独特的文学特色，展现了古代文人的艺术才华与审美情趣。这些文献跨越了不同的历史时期、地域文化和文学流派，形成了丰富多样的文学特色。

（一）语言风格的多样性与统一性

古典文献的语言风格是其文学特色的重要体现。不同历史时期的文献，其语言风格往往呈现出显著的差异。例如，先秦时期的文献，如《诗经》《楚辞》，语言质朴自然，富有音乐性和节奏感，展现了上古时期人民的真实情感与生活画面；而到了汉魏六朝，随着骈文的发展，文献语言逐渐趋向华丽繁复，注重对仗工整、声律和谐，如《洛神赋》等作品，语言优美，意境深远。然而，尽管语言风格各异，但古典文献在整体上又保持着一种统一性，即都追求语言的精练与意蕴的深远，力求通过简洁的文字传达出丰富的情感与思想。

（二）题材选择的广泛性与深度

古典文献的题材选择极为广泛，涵盖了历史、哲学、政治、宗教、文学、艺术等多个领域。从记述帝王将相的历史事件到描绘市井百姓的日常生活，从探讨宇宙人生的哲理问题到抒发个人情感与抱负，古典文献几乎触及了古代社会的每一个角落。同时，这些文献在题材选择上又往往具有深刻的思考性和人文关怀，通过对社会现象的深入剖析和对人性的深刻挖掘，展现了古代文人的智慧与情怀。例如，《史记》以宏大的叙事规模和深刻的历史洞察力，成为中国史学的巅峰之作；而《红楼梦》则以细腻的笔触和深刻的情感表达，揭示了封建社会的种种弊端和人性的复杂多面。

（三）表现手法的独特性与创新性

古典文献在表现手法上同样展现出独特的艺术魅力。这些文献不仅继承了前代文学的传统手法，如比兴、象征、夸张等，还不断进行创新和发展，形成了具有时代特色的表现手法。例如，唐代诗歌在继承汉魏六朝诗歌的基础上，进一步发展了格律体，使诗歌在形式上更加规范化和精致化；而宋代词作则突破了诗歌的束缚，以长短句的形式和更为灵活的表现手法，展现了更为丰富和细腻的情感世界。此外，古典文献还善于运用各种修辞手法来增强语言的表现力，如排比、对偶、反复等，这些手法的运用不仅使文献的语言更加生动形象，也加深了读者对作品的理解和感受。

（四）情感表达的丰富性与真挚性

古典文献在情感表达上同样具有鲜明的特色。这些文献往往以真挚的情感为核心，通过细腻的笔触和深刻的思考，展现了古代文人对于生命、爱情、友情、家国等主题的独特感悟和深刻体验。例如，《离骚》中屈原对忠贞不渝的追求和对国家命运的忧虑；《孔雀东南飞》中焦仲卿与刘兰芝之间坚贞不渝的爱情故事;《岳阳楼记》中范仲淹"先天下之忧而忧，后天下之乐而乐"的博大胸襟等，都体现了古典文献在情感表达上的丰富性和真挚性。这些情感不仅具有普世的价值和意义，也深深地打动了后世读者的心灵。

（五）文化意蕴的深厚性与多元性

古典文献作为中华文化的瑰宝，其文化意蕴的深厚性和多元性是毋庸置疑的。这些文献不仅反映了古代社会的政治、经济、文化等各个方面的状况，还蕴含着丰富的哲学思想、道德观念、审美追求等精神层面的内容。例如，《论语》中孔子的仁爱思想和对礼制的重视;《道德经》中老子的无为而治和道法自然的哲学思想;《庄子》中逍遥游的自由精神和相对主义的哲学观点等，都体现了古典文献在文化意蕴上的深厚性和多元性。这些思想观点不仅影响了古代文人的创作理念和审美追求，也对后世的文化发展产生了深远的影响。

（六）评价与反思

在评价古典文献的文学特色时，我们需要从多个角度进行考量。首先，我们要肯定古典文献在文学史上的重要地位和独特贡献，它们不仅是中国古代文化的瑰宝，也是世界文学宝库中的重要组成部分。其次，我们要认识到古典文献的文学特色并非一成不变，而是随着历史的发展和社会的进步而不断演变和创新的。因此，在评价古典文献时，我们需要结合具体的历史背景和文化语境来进行深入的分析和解读。最后，我们还需要反思古典文献在当代社会中的价值和意义。虽然这些文献产生于古代社会，但它们所蕴含的思想观念、道德追求和审美情趣等精神层面的内容仍然具有重要的现实意义和启示作用。因此，我们应该积极挖掘和传承古典文献中的优秀文化遗产，为当代社会的文化建设和发展提供有益的借鉴和启示。

第六节　古典文献的哲学思想阐释

一、古典文献哲学思想的类型与特点

古典文献作为中华民族悠久历史与灿烂文化的载体，不仅蕴含了丰富的文学宝藏，更深刻地反映了古代文人的哲学思考与智慧。这些文献中的哲学思想，历经千年沉淀，形成了多种类型，各具特色，共同构成了中国古代哲学体系的基石。

（一）古典文献哲学思想的类型

古典文献中的哲学思想，依据其关注点、方法论及价值取向的不同，大致可以划分为儒家、道家、墨家、法家等几个主要类型。这些类型不仅代表了古代哲学思想的主要流派，也深刻影响了后世的思想体系和社会实践。儒家哲学以孔子为开山鼻祖，强调人伦道德和社会秩序的重要性。儒家的核心思想包括仁、义、礼、智、信等五常，以及君臣、父子、夫妇、兄弟、朋友等五伦关系。儒家认为人性本善，通过教育和修养可以激发人的潜能，实现个人的完善和社会的和谐。儒家哲学强调个人修养与为政的统一，认为"修身齐家治国平天下"是人生的理想境界。

道家哲学以老子和庄子为代表，主张"道法自然"，强调顺应自然规律，追求无为而治。道家认为宇宙万物皆由道生，道是不可言喻的宇宙本源和规律。道家哲学追求内心的宁静与自由，反对人为的干预和强制，主张"无为而无不为"，即通过不刻意追求而达到自然和谐的状态。道家还强调相对性和变化性，认为世间万物都处于不断变化之中，人应顺应这种变化而调整自己的行为。墨家哲学以墨子为代表，主张"兼爱非攻"，即普遍地爱人和反对不义之战。墨家认为社会的不公和混乱源于人与人之间的自私和争斗，因此提倡通过兼爱来消除社会矛盾和冲突。墨家还注重实用主义和技术创新，认为知识和技术是推动社会进步的重要力量。墨家哲学在伦理观上表现出强烈的平等主义倾向，反对等级制度和特权思想。

法家哲学以韩非子为代表，强调法治和集权统治。法家认为人性本恶，需要通过严格的法律和制度来约束人的行为，维护社会秩序和国家稳定。法家主张君主专制和集权统治，认为君主应拥有绝对的权力和威信。法家哲学在政治实践中表现出强烈的功利主义色彩，追求国家的富强和人民的安居乐业。

（二）古典文献哲学思想的特点

无论是儒家、道家还是墨家、法家，都强调道德伦理在人生和社会中的重要作用。儒家将道德伦理视为社会秩序和个人修养的基石；道家虽然追求自然无为，但同样注重个人的道德修养和内心的和谐；墨家则通过兼爱来构建社会伦理体系；法家虽然强调法治，但法治本身也是基于道德伦理的考量。道家哲学特别强调天人合一的理念，认为人与自然是一个整体，人类应顺应自然规律而生活。这种思想在儒家和墨家哲学中也有体现，尽管它们的具体表述和侧重点有所不同。儒家主张通过修养自身来达到与天地同流的境界；墨家则通过兼爱来实现人与人之间的和谐共处。

墨家哲学和法家哲学都表现出强烈的实用主义倾向。墨家注重实用技术和知识在社会发展中的作用；法家则强调法治和集权统治的实用性，追求国家的富强和人民的安居乐业。这种实用主义倾向在古代中国社会中具有重要的现实意义，推动了社会制度的变革和发展。中国古代哲学思想中蕴含着丰富的辩证思维元素。例如，道家的"无为而治"和"反者道之动"等思想就体现了对事物发展规律的深刻洞察和辩证思考。儒家哲学中的中庸之道也体现了对事物矛盾双方平衡与协调的追求。这些辩证思维元素不仅丰富了古代哲学思想的内容，也为后世的思想发展提供了重要的启示。

古典文献中的哲学思想是中国古代历史与文化的重要传承。这些思想不仅反映了古代社会的政治、经济、文化等各个方面的状况，也深刻地影响了后世的思想体系和社会实践。例如，儒家的仁政思想、道家的自然观、墨家的兼爱思想以及法家的法治思想等，都在不同程度上影响了中国历史上的政治制度、社会风气和文化传统。

二、古典文献哲学思想与文献内容的关系

在探讨古典文献的深邃与广阔时，我们不可避免地要触及其中蕴含的哲学思想。这些思想不仅是文献的精髓所在，更是推动历史进程、塑造民族文化的重要力量。古典文献哲学思想与文献内容之间存在着一种紧密而复杂的关系，它们相互依存、相互影响，共同构成了古代文化的瑰宝。

（一）哲学思想是文献内容的灵魂

哲学思想作为人类对于世界本质、人生意义及道德伦理等问题的深刻思考和系统阐述，是古典文献内容的核心与灵魂。在古典文献中，无论是经史子集，还是诗词歌

赋，都或多或少地融入了作者的哲学观念。这些观念不仅为文献提供了深厚的思想底蕴，还使文献具有了超越时代的价值和意义。

具体而言，哲学思想在文献内容中的体现是多方面的。首先，它塑造了文献的主题和中心思想。许多古典文献都是围绕某一哲学主题或思想展开的，如儒家的仁爱之道、道家的自然无为、墨家的兼爱非攻等。这些主题不仅决定了文献的基本走向，还被赋予其深刻的思想内涵。其次，哲学思想还影响了文献的论证方式和表达风格。不同的哲学流派有着各自独特的思维方式和表达习惯，这些在文献中得到了充分的体现。例如，儒家文献注重逻辑严密、条理清晰的论证方式，而道家文献则更倾向于采用寓言、象征等手法来表达其哲学思想。

最后，哲学思想还赋予了文献以人文关怀和道德教化功能。古典文献中的许多篇章都蕴含着对人生、社会、自然的深刻关怀和道德教诲，这些教诲往往与作者的哲学思想紧密相连。通过阅读这些文献，读者不仅能够获得知识上的启迪，更能在道德情操上得到熏陶和提升。

（二）文献内容是哲学思想的载体

如果说哲学思想是文献内容的灵魂，那么文献内容则是哲学思想的载体。古典文献以其丰富的形式和多样的题材，为哲学思想的传播和传承提供了广阔的舞台。从经史子集到诗词歌赋，从政论文章到小说戏曲，每一种文献形式都承载着不同的哲学思想，共同构成了古代文化的丰富图景。

文献内容作为哲学思想的载体，具有以下几个方面的特点：

首先，文献内容具有具体性和生动性。与抽象的哲学理论相比，文献内容往往更加具体、生动，能够直观地展现哲学思想在现实生活中的应用和体现。例如，《论语》中的许多篇章都是通过孔子与弟子的对话来阐述儒家的道德伦理思想，这些对话不仅生动有趣，而且具有很强的说服力。其次，文献内容具有多样性和包容性。古典文献涵盖了历史、文学、哲学、艺术等多个领域，不同领域的文献内容相互交织、相互渗透，共同构成了古代文化的多元格局。这种多样性和包容性为哲学思想的传播和传承提供了广阔的空间和丰富的资源。最后，文献内容具有传承性和创新性。古典文献作为历史文化的积淀和传承，不仅保留了古代哲学思想的精华，还在不断发展和创新中注入了新的活力和内涵。例如，宋明理学在继承儒家思想的基础上，吸收了佛道两家的思想精华，形成了独具特色的哲学体系；明清小说则在继承传统叙事手法的基础上，融入了更多的社会现实和人性探索元素，展现了古代文学的新风貌。

（三）哲学思想与文献内容的相互作用

哲学思想与文献内容之间的关系并非单向的，而是相互作用、相互影响的。一方面，哲学思想为文献内容提供了深厚的思想底蕴和理论指导；另一方面，文献内容又通过具体的表现形式和丰富的题材内容，反过来丰富和发展了哲学思想。

首先，哲学思想为文献内容的创作提供了灵感和源泉。许多古典文献的作者都是深受某种哲学思想影响的学者或文人，他们的创作往往带有浓厚的哲学色彩和人文关怀。例如，唐代诗人杜甫的诗歌中充满了对人生苦难的深刻同情和对社会现实的深刻批判，这些情感与儒家思想中的仁爱之道和忧国忧民情怀紧密相连。其次，文献内容通过具体的表现形式和丰富的题材内容，进一步阐释和深化了哲学思想。在文献的创作过程中，作者往往会根据自己的理解和感悟来阐述和发挥哲学思想，使其更加具体、生动和具有说服力。这种阐释和发挥不仅有助于读者更好地理解和接受哲学思想，还有助于推动哲学思想在更广泛的范围内传播和传承。最后，哲学思想与文献内容的相互作用还体现在它们共同推动了古代文化的繁荣和发展。在古代社会中，哲学思想与文学、艺术等领域相互交融、相互促进，共同构成了古代文化的丰富内涵和独特风貌。这种交融和促进不仅丰富了古代文化的表现形式和题材内容，还提高了古代文化的思想深度和审美价值。

三、古典文献哲学思想的阐释方法与技巧

古典文献作为中华文明的瑰宝，承载着丰富的哲学思想。这些思想不仅深刻影响了古代社会的各个方面，也为后世提供了宝贵的思想资源。然而，由于古典文献的语言古奥、表达含蓄，其哲学思想的阐释往往需要借助一定的方法和技巧。

（一）文献学基础与背景研究

阐释古典文献哲学思想的第一步是收集并整理相关文献。这包括确定文献的版本、来源、成书年代等基本信息，以及对其进行系统的编排和整理。通过这一过程，可以确保文献的完整性和准确性，为后续的研究奠定坚实的基础。在阐释古典文献哲学思想时，必须充分考虑其时代背景和社会环境。这包括政治、经济、文化、宗教等多方面的因素。通过深入了解这些背景信息，可以更准确地把握文献中哲学思想的内涵和外延，避免误读和偏见。

（二）语言诠释方法

古典文献的语言古奥难懂，其中很多字词的含义与现代汉语存在较大差异。因此，在阐释哲学思想时，需要对文献中的字词进行详细的解析。这包括确定其本义、引申义、比喻义等，以及考察其在不同语境下的具体用法。通过字词解析，可以逐步揭开文献的表层含义，深入其内在思想。

古典文献的语法结构与现代汉语也有较大差异。因此，在阐释哲学思想时，需要对文献的语法结构进行深入分析。这包括句子成分的划分、句式类型的识别、句间关系的梳理等。通过语法结构分析，可以更清晰地把握文献的表述方式和逻辑关系，进而深入理解其中的哲学思想。语境是理解语言含义的重要因素。在阐释古典文献哲学思想时，需要尽可能还原文献的语境。这包括了解文献的创作背景、作者的意图、读者的接受情况等多方面的因素。通过语境还原，可以更准确地把握文献中哲学思想的真实含义和深层意蕴。

（三）体验诠释方法

古典文献中的哲学思想往往蕴含着丰富的情感色彩。在阐释这些思想时，可以通过情感体验的方式深入理解其内涵。这包括设身处地感受作者的情感世界、体验文献中描绘的情境和氛围等。通过情感体验，可以更加直观地把握文献中哲学思想的情感色彩和人文价值。

古典文献中的哲学思想还涉及人类心理活动的多个方面。在阐释这些思想时，可以通过心理体验的方式深入理解其内涵。这包括分析作者的心理状态、探究文献中人物的心理变化等。通过心理体验，可以更深入地理解文献中哲学思想的心理学基础和人类心理活动的普遍性规律。

（四）类推与贯通诠释方法

类推诠释是一种通过类比推理来阐释古典文献哲学思想的方法。在阐释过程中，可以将文献中的某个思想观点与其他相似或相关的思想观点进行比较和分析。通过类推诠释，可以发现不同思想观点之间的内在联系和共同特征，进而深入理解文献中哲学思想的本质和内涵。

贯通诠释是一种将不同文献或不同思想流派中的哲学思想进行整合和贯通的方法。在阐释过程中，可以将文献中的某个思想观点与其他文献或思想流派中的相关观点进行比较和分析。通过贯通诠释，可以发现不同文献或思想流派之间的内在联系和相互影响，进而构建出一个更加完整和系统的哲学思想体系。

（五）跨学科视角与比较研究

古典文献哲学思想的阐释需要借助跨学科的知识和方法。例如，可以结合历史学、文学、哲学、宗教学等多学科的知识和方法来阐释文献中的哲学思想。通过跨学科视角的引入，可以更加全面地理解文献中哲学思想的多元性和复杂性。比较研究是一种将古典文献中的哲学思想与其他文化或时代的哲学思想进行比较和分析的方法。通过比较研究，可以发现不同文化或时代之间哲学思想的异同点和相互影响。这不仅有助于深入理解古典文献中的哲学思想，还有助于拓宽研究视野和增强研究的深度。

（六）阐释技巧与注意事项

在阐释古典文献哲学思想时，必须保持客观公正的态度。这包括尊重文献的原始面貌、避免主观臆断和偏见等。只有保持客观公正的态度，才能确保阐释结果的准确性和可靠性。

古典文献哲学思想的阐释需要做到深入浅出。这包括在深入研究文献内容的基础上，用通俗易懂的语言和方式将哲学思想表达出来。通过深入浅出的阐释方式，可以让更多的人了解和接受古典文献中的哲学思想。

在阐释古典文献哲学思想时，将理论与实践相结合是至关重要的。理论是思想的抽象表达，而实践则是理论在现实生活中的具体运用。古典文献中的哲学思想往往具有深刻的理论价值，但若仅停留于理论层面，便难以充分发挥其指导意义。因此，在阐释过程中，我们应当努力探索这些思想如何与现实生活、社会实践相结合，揭示其在现代社会中的适用性和价值。例如，儒家思想强调仁爱、礼制和中庸之道，这些思想在古代社会中起到了维护社会秩序、促进人际和谐的重要作用。在现代社会中，我们可以将儒家思想中的仁爱精神转化为关爱他人、尊重他人的行为准则；将礼制思想转化为遵守社会规范、维护公共秩序的道德要求；将中庸之道转化为处理复杂问题时寻求平衡、避免极端的态度和方法。通过这样的实践转化，儒家思想的哲学价值得以在现代社会中延续和发扬。

在阐释古典文献哲学思想时，保持批判性思维是不可或缺的。批判性思维要求我们在接受和理解文献内容的同时，也要对其进行反思和质疑。这并不意味着我们要否定文献中的思想价值，而是要在尊重原著的基础上，用现代人的视角和思维方式去审视和评估这些思想。通过批判性思维，我们可以更加全面地认识古典文献哲学思想的优点和不足，进而在传承中创新、在创新中发展。例如，在阐释道家思想时，我们可以肯定其强调自然无为、顺应天道的智慧，同时也要注意到这种思想可能带来的消极影响，如过分强调顺应自然可能导致忽视人的主观能动性等。通过批判性思维，我们可以更加全面地把握道家思想的精髓和局限，为现代社会的和谐发展提供有益的借鉴。

跨文化比较是深化古典文献哲学思想阐释的有效手段。通过将中国古典文献中的哲学思想与其他文化或文明中的思想进行比较分析，我们可以发现不同文化之间的共性和差异，进而更加深入地理解中国古典哲学思想的独特性和普遍性。这种跨文化比较不仅有助于拓宽我们的学术视野，还有助于促进不同文化之间的交流和互鉴。例如，我们可以将儒家思想与古希腊哲学进行比较分析。虽然两者在文化背景和具体内容上存在差异，但都在探讨人性、道德、社会秩序等根本问题上展现出了深刻的思考。通过比较分析，我们可以发现儒家思想与古希腊哲学在某些方面的相通之处和互补之处，进而为现代社会的道德建设和治理提供更为全面的思想资源。

　　在阐释古典文献哲学思想时，我们还应注重创新性阐释。创新性阐释是指在尊重原著的基础上，结合现代社会的需求和问题，对古典文献中的哲学思想进行新的解读和阐发。这种阐释方式不仅有助于挖掘古典文献的潜在价值，还有助于为现代社会提供新的思想启示和解决方案。例如，在面对现代社会中的环境问题时，我们可以从道家思想中汲取智慧，强调人与自然的和谐共生；在面对现代社会中的道德危机时，我们可以从儒家思想中汲取力量，强调诚信、仁爱等道德价值的重要性。通过这样的创新性阐释，古典文献中的哲学思想得以在现代社会中焕发新的生机和活力。

参考文献

[1] 马亚中，钱锡生，周生杰.古典文献研究论集 [M].苏州：苏州大学出版社，2020.

[2] 王东，姜磊，车淑萍.古典文献学理论与学术实践 [M].成都：巴蜀书社，2022.

[3] 漆永祥.古典文献学经典导读 [M].北京：北京联合出版公司，2020.

[4] 李昌勤.中药古典文献选读 [M].北京：中国医药科技出版社，2018.

[5] 程章灿.古典文献研究 第 21 辑 上 [M].南京：凤凰出版社，2018.

[6] 张三夕.中国古典文献学 第 3 版 [M].武汉：华中师范大学出版社，2018.

[7] 王政，周有斌.古典文献学术论丛 第 6 辑 [M].合肥：黄山书社，2017.

[8] 张子开，项楚.古典文献学 [M].重庆：重庆大学出版社，2015.

[9] 项楚，张子开.古典文献学 [M].重庆：重庆大学出版社，2010.

[10] 崔军红，刘云霞，毛建军.实用古典文献学 [M].北京：光明日报出版社，2010.

[11] 吴枫.中国古典文献学 [M].济南：齐鲁书社，2005.

[12] 迟铎，党怀兴.中国古典文献学 [M].西安：西北大学出版社，2007.

[13] 陈广忠，徐志林，王军，等.古典文献学 [M].合肥：黄山书社，2006.

[14] 张三夕.中国古典文献学 [M].武汉：华中师范大学出版社，2003.

[15] 熊笃，许廷桂.中国古典文献学 [M].重庆：重庆出版社，2000.

[16] 王政，周有斌.古典文献学术论丛 第 2 辑 [M].合肥：黄山书社，2011.

[17] 周生杰.古典文献基础知识答问 [M].合肥：安徽大学出版社，2010.

[18] 王政，周有斌.古典文献学术论丛 第 1 辑 [M].合肥：黄山书社，2010.

[19] 罗江文.中国古典文献学纲要 [M].成都：巴蜀书社，2008.

[20] 刘青松.中国古典文献学概要 [M].长沙：湖南大学出版社，2002.

[21] 王俊杰.中国古典文献学概论 [M].济南：齐鲁书社，2006.

[22] 张三夕.中国古典文献学 第 2 版 [M].武汉：华中师范大学出版社，2007.

[23] 赵晓岚.中国古典文献学研究 [M].长沙：湖南师范大学出版社，2005.

[24] 陶敏.中国古典文献学教程 [M].长沙：湖南教育出版社，2004.

[25] 朱崇先.中国少数民族古典文献学 [M].北京：民族出版社，2005.

[26] 郝桂敏 . 中国古典文献学简明教程 [M]. 长春：吉林人民出版社 , 2006.

[27] 武文 . 中国民俗学古典文献辑论 [M]. 北京：民族出版社 , 2006.

[28] 陈卫星 . 古典文献与古代小说理论研究 [M]. 北京：光明日报出版社 , 2009.

[29] 武文 . 中国民间文学古典文献辑论 [M]. 北京：民族出版社 , 2006.

[30] 朱崇先 . 古典文献学：理论探索与古籍整理方法研究 [M]. 北京：民族出版社 , 2013.

[31] 曹顺庆 . 岁久弥光：杨明照教授九十华诞庆典暨中国古典文献学国际学术研讨会论文集 [M]. 成都：巴蜀书社 , 2000.